감사한 마음을 담아

최 정 화 드림

내 삶을 디자인하는 습관
10C

내 삶을 디자인하는 습관
10C

최정화 지음

HUiNE

당신이 무엇을 먹는지 말해보라.
그러면 나는 당신이 어떤 사람인지 말해보겠다.

장 앙텔름 브리야 사바랭Jean Anthelme Brillat-Savarin
18세기 프랑스 최고의 미식가

작가의 말

당신이 만든 새로운 습관이 새로운 당신을 만든다

대부분의 사람은 성공한 삶을 원합니다.
하지만 누구나 성공한 삶을 살 수는 없습니다.

이것은 현실입니다. 하지만 저는 이 현실을 바꿀 수 있는 놀라운 방법을 하나 알고 있습니다. 그리고 그 방법을 여러분께 알려드리고자 이 책을 쓰게 되었습니다.

저는 사실 성공이라는 단어를 썩 좋아하지는 않습니다. 성공은 어떤 일에 대한 결과일 뿐 그 자체로서 목표가 될 수는 없다고 생각하기 때문입니다.

교수님처럼 성공하려면 어떻게 해야 하나요?

지금도 사람들이 저에게 가장 많이 하는 질문 중 하나입니다.

물론 저는 이 질문의 의미를 누구보다 잘 알고 있습니다. 외국어에 대해 남다른 재능도 있고, 외국어 실력도 어느 정도 갖추었는데, 이 외국어 능력으로 무한 경쟁의 시대에 살아남으려면 어떻게 해야 하느냐는 의미이겠지요. 각자가 목표하는 바는 세부적으로 차이가 있겠지만 아마도 넓은 의미에서는 그럴 겁니다.

하지만 저는 이 질문을 받을 때마다 꼭 되묻습니다. '최정화처럼 되고 싶은 것입니까, 성공을 하고 싶은 것입니까?' 하고 말입니다. 그러면 열이면 열 이렇게 대답합니다. '교수님처럼만 되면 성공하는 게 아닌가요?' 라고 말입니다.

하지만 저는 그들의 말처럼 제가 정말 성공한 삶을 산 사람인지는 잘 모르겠습니다. 제게 성공이란 하고 싶은 일을 마음껏 하는 것이었습니다. 만약 그런 의미에서라면 성공한 것인지도 모르겠습니다.

이제 저는 그동안 이와 같은 질문을 했던 모든 분들에게 다시 묻겠습니다.

당신이 정말 원하는 것은 도대체 무엇입니까?

여러분은 성공의 반대는 무엇이라고 생각하십니까?

아마도 대부분은 실패라고 생각하실 겁니다.

어떤 일에 대한 결과는 성공일 때도 있고, 성공이 아닐 때도 있습니다. 물론 실패로 끝날 때도 있기는 하지요. 하지만 성공이 아니라고 해서 모두 다 실패일까요?

성공의 반대는 아직 성공하지 못한 것일 뿐
실패는 아닙니다.

이것이 제 생각입니다. 그리고 이 생각이 바로 앞에서 말한 모두가 성공을 원하지만, 누구나 성공할 수는 없다는 현실을 바꿀 수 있는 놀라운 방법입니다.

지금까지 제가 만난 사람 중에 그 어떤 성공한 사람들도 성공을 목표로 인생을 살지는 않았습니다. 그들은 하나같이 자신이 선택한 길을 묵묵히, 쉬지 않고 걸었고 그 결과 성공을 얻었습니다. 처음부터 성공이라는 목표를 향해 갔던 것은 절대로 아닙니다.

그들 역시 성공을 얻기까지는 크고 작은 좌절의 경험도 있었습니다. 생각했던 것만큼 좋은 결과가 나오지 않았던 적은 말할 것도 없겠지요. 하지만 그들은 그것을 결코 실패라고 단정 짓지 않았습니다. 자신의 선택을 믿고 다시 한 번 최선을 다했습니다. 그 결과 더 큰 성공의 결과를 얻었습니다. 그들의 삶이 그 어떤 좌절도, 시련도, 실패도 없는 승승장구의 연속이었던 것처럼 보이는 이유는 바로 이 때문입니다.

그 어떤 좌절이나 시련, 혹은 실패 앞에서도 흔들림 없이 자신의 선택을 믿고 앞으로 나가는 힘은 결국 집중입니다. 집중은 자기가 가장 좋아하는 것에 대해, 그리고 가장 원하는 것에 대해 가장 큰 힘을 발휘합니다. 아무리 집중력이 약한 사람도 자신이 정말 좋아하는 일을 할 때만큼은 어느 정도 집중할 수 있으니까요. 그래서 제가 성공하기를 원하는 많은 분께 정말로 원하는 것이 무엇이냐고 되묻게 되는 것입니다.

저는 여전히 성공이라는 단어가 그리 편치는 않습니다.

성공을 위해서는 어떻게 해야 하느냐는 많은 분들의 질문에 딱 부러지는 답을 드릴 수도 없습니다. 성공을 위해 살아본 적도 없고, 성공이라는 결과에 연연한 적도 없기 때문에 어떻게 해야 성공을 할 수 있는지 알지도 못하기 때문입니다.

그러나 만일 질문을 조금 바꿔주신다면 제 나름의 방법을 알려드릴 수는 있을 것도 같습니다. '어떻게 하면 성공을 할 수 있나요?' 대신 '어떻게 살아야 할까요?'라고 질문하신다면 말입니다.

그럼, 어떻게 살아야 할까요?

누군가 인생은 '와우wow'가 아니라 '하우how'라고 말했다지요. 생각해보면 우리 인생 최대의 과제는 바로 이 '하우', 즉 '어떻게 살 것이냐'의 문제가 아닐까요? 그리고 인생이란 결국 이 문제의 해답을 찾아가는 과정이겠지요.

물론 그 해답을 알고 인생을 살아가는 사람은 아무도 없습니다. 저 역시 그렇습니다. 질문을 바꾸면 답을 알려주겠다고 하더니 이제 와서 은근슬쩍 발뺌하는 거냐고요?

하지만 유사 이래 수많은 철학자가 이 문제에 골몰했지만, 그들 역시 이렇다 할 해답을 찾지 못하지 않았던가요? 아마 누군가 그 해답을 찾았다면 철학의 역사는 그것으로 종료되었겠지요. 대신 그들은 나름의 고민과 번뇌, 그리고 그 성찰의 과정을 저술로 남기기는 했습니다. 그것이 바로 수많은 <인생론>입니다.

하지만 그 수많은 현인이 남긴 수많은 <인생론>을 다 찾아 읽는다 해도 어떻게 살 것인가에 대한 답을 찾을 수는 없을 겁니다. 그들의 <인생론>은 하나같이 어떻게 살 것인가에 대한 고민만을 더 키울 뿐입니다.

그래서 이번에는 각계각층의 유명 인사, 이른바 성공한 삶을 살았다고 자타가 공인할 만한 사람들의 인생을 들여다보기로 합니다. 그들의 삶의 방식 안에서 인생을 어떻게 살 것인가에 대한 답을 찾을지도 모른다는 기대를 안고서 말입니다.

서점에 가면 이른바 '자기계발서'라는 항목으로 그런 부류의 책들이 참으로 많기도 합니다. 그것 중에 내가 롤 모델로 삼을 만한 사람의 책 두서너 권쯤 찾는 일은 그리 어렵지 않습니다. 그리고 그 책을 읽고 감동하는 일도 그리 어려운 일이 아닐 겁니다. 인생이라는 게 따지고 보면 다 감동적이거든요.

그렇다면 그 책의 주인공처럼 사는 것이 인생을 어떻게 살 것인가에 대한 해답이 될 수 있을까요? 그렇게만 살면 우리는 후회하지 않는 삶을 살게 될까요?

애석하게도 이 또한 아닙니다.

저는 여전히 성공하는 삶의 비결을 알지 못합니다.
다만 제가 알고 있는 것은 지금의 저를 만든
몇 가지 습관이 있다는 것뿐입니다.

인생에서 특정한 성공을 이룬 사람들의 특정한 삶의 방식이 모든 사람의 인생을 성공으로 이끌어가는 것은 아닙니다. 하지만 성공한 사람들에게도 분명 그들만의 특별한 습관이 있었습니다.

성공한 삶을 원했던 것도, 목표했던 것도 아니지만, 성공적인 결실이 많았던 제 인생을 만든 습관과 성공한 많은 사람의 습관 중에는 겹치는 것들도 꽤 있었습니다. 그것이 여러분께 조금이나마 도움이 되기를 바라는 마음으로 이 책을 펴내게 되었습니다.

이 책의 각 장은 지금의 저를 만든 습관 중에서 제가 가장 중요하게 생각하는 열 가지 습관으로 이루어져 있습니다. 그리고 열 가지 습관은 집중, 문화, 소통, 협력, 창조성창의력, 배려, 자신감, 도전, 호기심, 헌신에 대한 생각으로 이루어져 있습니다.

이 열 가지 습관이 성공한 많은 사람의 습관과 어떻게 만나고 있는지 살펴보는 과정이 이 책의 집필 과정이었습니다.

이 책을 읽는 여러분도 분명 열 가지 습관 중 몇 가지는 이미 습관으로 가지고 있을 것으로 생각합니다.

당신의 습관 중 가장 큰 힘을 발휘할 수 있는 습관이 곧 당신의 강점입니다. 혹시 별다른 힘을 발휘하지 못한다면 그 습관은 되도록 빨리 버리도록 하십시오. 그리고 그 빈자리를 당신에게 꼭 필요한 새로운 습관으로 채우기 바랍니다.

처음에는 우리가 습관을 만들지만 그다음에는 습관이 우리를 만든다.

17세기 영국의 시인 존 드라이든John Dryden이 한 말처럼, 당신이 만든 새로운 습관이 새로운 당신을 만들 것입니다.

2015년 1월

최정화

차례

문화

소통하는 즐거움

창조성

자신감

헌신

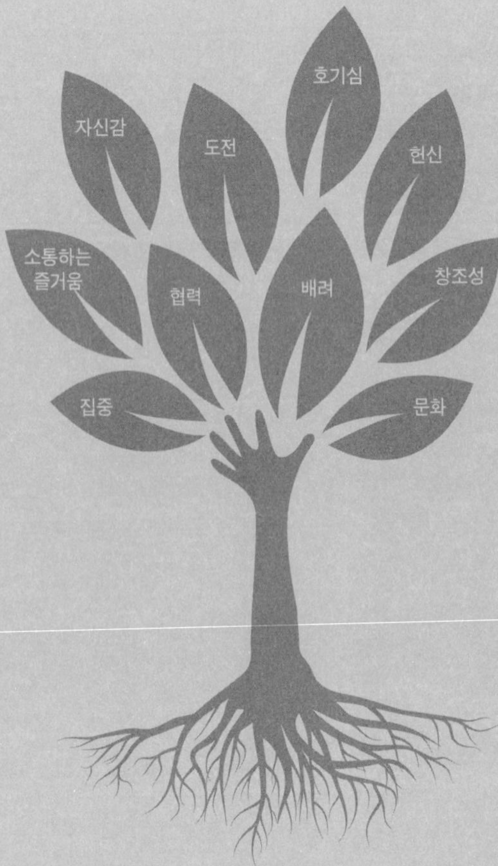

내 삶을 디자인하는 습관 10C

집중
Concentration

당신이 무언가 간절히 원할 때,
온 우주가 당신을 돕는다는 가장 위대한 진실

"지금 갖고 있는 것, 고마워해야 할 것에만 집중하면
아마 지금보다 훨씬 더 많은 것을 보게 될 것이다.
그리고 분명 지금보다 훨씬 더 많은 것을 이루게 될 것이다."

오프라 윈프리Oprah Winfrey & 최정화

정신일도하사불성精神一到何事不成

한 가지 일에 온 정신을 쏟으면 세상에 안 되는 일은 없다는 뜻이다. 트위터니 페이스북이니 하는 범세계적 SNS를 통해 일 년 365일, 하루 24시간, 단 일 분 일 초도 쉬지 않고 누군가의 말과 글을 듣고 보고 또 각자 자신의 목소리를 낼 수 있는 요즘, 온갖 좋은 말과 좋은 글들이 넘쳐나는 세상이지만 이 말만큼 만고불변의 진리는 아마도 없을 것이다.

정신일도하사불성은 주로 무도武道나 운동 등 체력을 연마하는 사람들이 최고의 기량을 발휘하고자 하는 의지를 표현할 때 사용하는 말로 우리에겐 더 친숙하다. 그런데 이 말을 제일 처음 한 사람은 중국 남송南宋 시대의 유학자 주자朱子라고 한다. 주자는 우주가 형이상학적인 이理와 형이하학적인 기氣로 구성되어 있다고 보았고, 이를 기초로 주자학朱子學을 집대성한 사람이다. 공자, 맹자와 더불어 동양을 대표하는 사상가 중 한 명인 주자가 한 말이라니 이만저만 깊은 철학적 사유가 깃든 말이 아닐 것이다.

온 정신을 쏟아 집중하면 이룰 수 없는 일이 없다고 말한 사람은 또 있다. 성경에 의하면 예수 또한 '겨자씨만 한 정성만 있으면 산도 옮길 수 있다'고 말했다. 그러고 보면 예수는 정신일도하사불성의 철학에서 주자보다 최소한 1천 년 이상 앞선 대선배인 셈이다.

주자보다 한참 후배로는 브라질 출신의 소설가 파울로 코엘료Paulo Coelho를 들 수 있을 것 같다.

> "자네가 무언가를 간절히 원할 때 온 우주는 자네의 소망이 실현되도록 도와준다네."

파울로 코엘료의 대표작 <연금술사>에 나오는 말이다. 이 책을 읽은 사람이라면 이 대목에 밑줄을 긋지 않고는 도저히 책장을 넘길 수 없었을 것이다. <연금술사>는 프랑스어에 푹 빠져 있던 내가 10대 때부터 지금까지 가장 좋아하는 소설 <어린 왕자> 다음으로 좋아하는 소설이다. 나 역시 이 한 줄 때문에 <연금술사>를, 그리고 파울로 코엘료를 좋아하게 되었다.

세상을 두루 여행하고 싶었던 신학생 산티아고는 양 떼를 몰고 여행을 떠난다. 그 여행길에서 산티아고는 자신을 살렘의 왕이라고 주장하는 노인 멜키세덱을 만나 '자아의 신화'를 이루게 될 것이라는 말을 듣게 된다. 여기서 '자아의 신화'란 우리가 항상 이루기를 소망하는 것, 즉 꿈을 의미한다.

'우리 각자는 젊음의 초입에서 자신의 자아의 신화가 무엇인지 알게 되지만 시간이 지남에 따라 알 수 없는 힘이 그 신화의 실현이 불가능함을 깨닫게 해준다'고 노인은 말한다. 그리고 노인은 산티아고에게 이 세상에 존재하는 가장 위대한 진실에 대해서도 이야기해준다. 그것은 바로 무언가를 온 마음을 다해 원한다면, 반드시 그렇게 된다는 것이었다. 그리고 무언가를 바라는 마음은 우주의 마음으로부터 비롯된 것이라고 했다. 이만하면 매우 현대화된 정신일도하사불성, 즉 파울로 코엘료의 버전이 아니겠는가.

집중하는 사람에게 차선책은 필요 없다

인생을 성공에 이르도록 하는 중요한 습관 중에서 내가 가장 첫 번째로 꼽고 싶은 것이 바로 이 우주의 마음, 즉 집중이다.

소설 <연금술사>를 읽었다면 온 마음을 다해 원하는 우주의 마음이, 집중이 그저 손 놓고 앉아 기도하고 염원하는 것은 아니라는 것쯤은 이미 알고 있을 것이다.

집중은 긍정적 사고를 가능하게 한다. 어떤 일에 온 마음을 다해 집중하는 사람은 절대 결과에 대해 섣부른 예측을 하지 않는다. 불필요한 예측은 집중을 방해할 뿐이기 때문이다. 이들은 아직 일어나지 않은 일에 대해 무분별한 낙관도, 근거 없는 비관도 하지 않는다. 그저 지금 이 순간, 여기에 집중할 뿐이다. 프랑스의 사상가 볼테르Voltaire가 창조한 영웅 캉디드의 유명한 명언처럼 그저 묵묵히 각자의 밭을 가꿀 뿐이다.

집중의 습관을 가지고 있는 사람들에게 차선책이란 존재하지 않는다. 어떤 상황이 닥치더라도 우회로나 빠져나갈 구멍을 미리 만들어두지 않는다는 말이다. 끝까지 가보지 않고는 그 결과를 알 수 없기에 중간에 빠져나갈 길을 만들어 둘 필요를 그들은 아예 느끼지도 못한다.

지금이야 소위 대중적으로 어지간히만 '뜨면' '국민 ㅇㅇ'이라는 수식어가 붙는 시대이지만 '국민 배우' 하면 여전히 영화배우 안성기다. 그럼에도 불구하고 우리가 이 국민 배우의 얼굴을 영화관이 아닌 곳에서 보기란 쉬운 일이 아니다.

다섯 살에 아역으로 데뷔한 이래 성인 연기자로 컴백했을 때로부터만 헤아려도 -그는 고등학교 진학 후 학업을 위해 연기를 중단했다가 대학을 졸업하고 군 복무를 마친 1977년 성인 연기자로 컴백했다- 연기 경력이 40여 년이 다 되어 가는 그는 CF를 안 찍기로 유명한 배우 중 한 사람이다. 연예인들의 유명세는 실제로 소득과도 직결된다. 또 그 유명세를 이용하는 것 중에 광고만큼 손쉬운 것도 없을 것이다. 그러나 영화배우 안성기가 광고한 제품이나 기업은 한 손에 꼽는 것만으로도 충분하다.

오래전 그가 국내 대표 커피 브랜드의 광고 모델을 한 적이 있다. 그때에 비해 요즘은 커피 메이커 브랜드도 다양해졌고, 그런 만큼 TV만 켜면 하루에도 수십 번씩 여러 스타급 연예인들이 출연하는 커피 광고를 접하게 된다. 하지만 아직도 많은 사람들이 커피 하면 영화배우 안성기를 떠올리고, 그가 광고했던 그 커피를 여전히 '안성기의 커피'로 기억한다. 이것이 과연 좀처럼 CF를 안 찍는 배우라는 희소성 때문이기만 할까?

과거에도 그랬지만 지금도 그는 광고계의 영원한 블루칩이다. 배우로서 그가 주는 국민적 신뢰감은 어떤 제품, 어떤 기업을 광고하더라도 기대한 만큼의 효과를 거둘 게 당연하기 때문이다. 그러나 그는 과거에도 지금도 여전히 광고 출연 섭외가 가장 어려운 배우이다. 섭외만 된다면 그를 광고모델 0순위로 점찍어 둔 곳이 한둘이 아닐 테지만 그는 거의 모든 광고 출연을 고사한다.

광고뿐만이 아니다. 그는 영화와 관련된 무대가 아닌 곳에는 거의 서지 않는다. 각종 버라이어티쇼나 예능 프로그램 등 TV 출연은 물론이려니와 홍보성 행사에도 그는 거의 얼굴을 비치지 않는다. 그에게 그 이유를 묻는다면, 아마도 이렇게 대답하지 않을까?

"안성기는 영화배우이기 때문입니다."

배우는 연기로 대중들과 소통하는 사람이다. 이를 넓게 해석해 CF도 연기고, 예능 프로그램도 연기의 일환이라고 주장한다면야 어쩔 수 없는 노릇이지만 적어도 영화배우 안성기는 영화연기에 집중해 대중과 소통하는 진짜 배우다. 그래서 영화배우 안성기 이후에도 수많은 스타가 탄생했고, 그들이 국내에서만도 1천만, 2천만 관객을 모으는가 하면 세계무대에서 한류 붐까지 일으키고 있지만 '국민 배우' 하면 가장 먼저 떠오르는 얼굴은 역시 안성기 씨이다.

그 국민 배우를 존경해마지 않는 자칭 '군민(?) 배우' -'국민 배우'와 발음이 비슷하다며 박중훈 씨는 늘 자신을 이렇게 소개한다- 박중훈 씨도 그의 뒤를 따르고 있는 진짜 배우 중의 한 명이다. 그런 안성기 씨와 박중훈 씨이지만 우리 CICI, 한국이미지커뮤니케이션연구원Corea Image Communication Institute의 행사에는 언제든 흔쾌히 게스트로 나와 준다. 자신들의 유명세를 한국의 이미지를 널리 알리는 공익적인 일에 사용하는 것을 당연한 사명이라고 여기기 때문이다.

연예인이란 겉으로는 몹시 화려해 보이지만 사실 가장 불안정한 직업이다. 간혹 일반인은 평생 손에 쥐어보기도 힘든 금액을 출연료로 받는 이들도 있다지만 그들은 극소수 수퍼 스타급 연예인에 불과하다. 그리고 그들도 어느 순간 대중들이 외면하면 아무도 찾지 않는 '한때 스타'로 전락하기도 한다. 한물간 연예인이 되어 누구도 찾지 않지만 새삼 다른 일을 하기도 쉽지 않다. 무명의 일반인으로 살기에는 너무 유명한 탓이다. 그래서 우리는 생활고를 비관해 극단적인 선택을 하는 연예인들의 소식을 종종 듣게 된다.

그러니 연예인들에게 광고 출연만큼 달콤한 일도 없을 것이다. 심지어는 토크쇼에 출연해 대놓고 광고주들에게 호소하는 연예인들도 여럿 봤다. 물론 이들을 모두 폄하하려는 생각은 없다. 광고모델이 주업인 연예인들도 있고, 대중들 또한 그런 엔터테이너를 원하기도 하기 때문이다. 하지만 한 가지 분명한 것은 배우에게 있어 CF는 소명이 아니라 차선책이라는 것이다. 이 달콤한 차선책을 과감히 포기하고 배우로서의 자기 자신에게만 집중하는 두 배우가 바로 안성기 씨와 박중훈 씨이다.

원조 국민 배우의 명성에 걸맞게 안성기 씨는 후배 배우들의 인터뷰에 자주 거론된다. '안성기 선배님'을 닮고 싶다는 배우들이 한둘이 아니기 때문이다. 그러나 대부분의 후배 배우들이 닮고 싶었던 안성기 씨의 모습은 국민 배우라는 최고의 자리에 선 결과뿐이었던 모양이다. 연기로만 소통하는 안성기 씨의 집중, 그 과정까지 닮고자 하는 배우를 찾아보기가 점점 더 힘들어지고 있다.

누구나 이 세상에 올 때는 천재적 재능 하나씩은 가지고 온다

집중의 습관에 있어 단연 으뜸은 예술가들이 아닐까 생각한다.

우리는 흔히 예술가들은 자기 혼자만의 시간이 절대적으로 필요한 사람들이라고 여긴다. 다양한 교류나 경험보다는 자신만의 예술 세계에 푹 빠져 있을 때 그 세계가 더욱 확장되며, 그로 인해 가장 큰 만족감을 느끼는 독특한 사람들이라고 말이다. 하지만 내 생각은 좀 다르다. 예술가들에게 있어 자기 혼자만의 시간은 반드시 필요한 시간이라기보다는 반드시 견뎌내야 하는 시간이라고 하는 편이 맞다. 그들에게 혼자만의 시간을 견디게 하는 힘, 그것이 바로 집중이다.

일찍이 우리나라를 넘어 세계무대에서 인정받고 있는 클래식 음악가 트리오, 마에스트로 정명훈, 첼리스트 정명화, 바이올리니스트 정경화. 바로 그 유명한 정트리오다. 자녀 교육에 특별한 열정을 지닌 모친 덕분에 정트리오는 모두 언어 소통이 가능해진 너덧 살 때부터 피아노 연주를 배웠다고 한다. 모친인 이원숙 여사2011년 작고는 정트리오를 포함한 슬하의 일곱 남매 모두에게 어려서부터 피아노 연주를 가르칠 정도로 음악 교육에 남다른 열정을 지닌 분이었다. 그 열정은 6.25 전쟁으로 피난길에 오를 때도 트럭에 피아노를 싣고 갔다는 일화로 유명하다. 그렇다고 해서 정트리오를 모친의 열정이 만들어낸 이른바 마마보이, 마마걸 쯤으로 생각해서는 곤란하다. 모친의 열정은 그저 어려서부터 음악을 가까이 함으로써 음악적 재능을 발견할 수 있는 기회를 제공했을 뿐, 그 기회를 발판으로 오늘날과 같은 예술 세계를 구축할 수 있었던 것은 오롯이 정트리오 자신들의 힘, 즉 집중의 습관이 있었기 때문이다.

우리가 그들을 만날 때는 무대에 선 가장 화려한 순간이다. 하나의 곡, 하나의 공연을 위해 수백, 수천, 수만 아니 수십만 시간의 피나는 훈련을 거듭한 결정체가 비로소 꽃을 피우는 최후의 순간인 것이다. 그 순간을 위해 그들은 전 생애를 걸고 음악이라는 세계에 집중했다.

비단 정트리오뿐이 아니다. 초등학교 2학년 때부터 마에스트로 정명훈을 롤 모델로 생각하며 음악에 대한 열정을 키워왔다는 젊은 피아니스트 김선욱, 이제는 어엿한 여인으로 성장했지만 아홉 살 나이에 세계 최연소 레코딩 기록을 보유했던 바이올리니스트 장영주, 지휘자로서도 세계적 명성을 지니게 된 첼리스트 장한나에 이르기까지 세계무대에서 한국의 이름을 빛내고 있는 수많은 음악가들의 공통점은 다름 아닌 엄청난 집중의 습관에 있다.

그 증거는 바로 혀를 내두르게 하는 연습 시간. 하루 열 시간이 넘는 연습 시간을 일상적으로 견딘다는 것은, 그것도 십수 년 또는 수십 년 동안 지속한다는 것은 누가 시켜서 할 수 있는 일이 절대 아니다. 그들로 하여금 그 시간을 오롯이 집중하도록 한 것은 부모나 선생님의 강요가 아닌 자발적인 선택이었다.

피아니스트 김선욱은 부모님이 맞벌이를 했기 때문에 늘 전철을 타고 레슨을 받으러 다녔다고 한다. 일명 헬리콥터맘의 보살핌을 받을래야 받을 수도 없는 환경이었다는 것이다. 김선욱이 초등학교 5학년 때, 어느 자선바자행사에서 마에스트로 정명훈의 지휘봉을 낙찰 받기 위해 학교를 빼먹은 것도 그의 부모는 학교의 연락을 받고 뒤늦게 알게 되었다고 한다. 그런 부모가 피아노 연습을 더 하라고 닦달하고 강요했겠는가.

1950년대에 일곱 남매의 자녀 모두에게 음악 조기 교육을 시킨 열혈 어머니 이원숙 여사 역시 다르지 않다. 어려서부터 음악 교육을 받은 일곱 자녀 중 둘은 음악과는 전혀 무관한 길을 걸었다는 것만 보아도 재능 발견의 기회와 함께 선택의 자유를 주었음을 알 수 있다. 한번은 세계 정상의 바이올리니스트 정경화가 그 정상의 자리를 지키기 위해 노력하는 것이 너무 힘겨운 나머지 바이올린을 그만두고 싶다는 투정을 한 적이 있었다고 한다. 그때 이원숙 여사는 정경화가 먼저고 그 다음이 바이올린이라며 '네가 있어야 바이올린이 있고, 또 네가 있어야 한국을 빛낸 바이올리니스트도 있는 것이니 당장 그만두라'고 했을 정도로 통 큰 어머니였다.

자신들도 음악가로서 미국 무대에서 활동했던 바이올리니스트 장영주의 부모, 딸의 재능을 믿고 묵묵히 지켜봐 주었던 첼리스트 장한나의 부모도 이러한 점에서는 마찬가지였을 것이다.

세계적 명성을 가진 음악가들의 일상은 잠을 자는 시간을 제외하고는 대부분 음악과 함께 한다. 깨어 있는 시간 중 60% 이상은 연습과 연주, 그리고 연주를 위한 여행 시간으로 빈틈없이 채워져 있다. 나머지 40%는 대부분 음악을 듣거나 혹은 음악을 들으며 독서를 하거나 음악적 깊이를 더하기 위한 공부를 하는 데에 소요되며 그 사이사이 일상을 영위하기 위한 몇 가지 필수적인 일들을 처리한다. 내가 만난 마에스트로 정명훈이 그러했고, 피아니스트 김선욱도 그러했다.

정명훈과 같은 마에스트로를 꿈꾸며 어려서부터 바이올린과 피아노 연주를 배웠다는 김선욱은 연주자가 늘 악기를 들고 다녀야 하는 불편함이 없다는 이유도 피아노를 선택한 이유 중 하나이다. 하지만 이상하게도 외출을 하는 김선욱의 손에는 항상 바이올린 케이스만큼이나 묵직한 가방이 들려 있다.

"선욱 씨! 매번 들고 다니기 싫어서 바이올린을 포기했다면서 바이올린만큼이나 무거워 보이는 그 가방 안에 도대체 뭐가 들어있는 거에요?"

궁금한 것은 절대 못 참는 내 질문에 선뜻 가방을 열어 보여주던 피아니스트 김선욱. 가방 안은 거장들의 공연 DVD들로 가득 차 있었다. 그는 자신이 곧 연주하게 될 곡을 연주한 거장들의 음반을 몽땅 사서 언제 어디서나 듣기 위해 이렇게 늘 들고 다닌다고 했다. 그는 잠을 자는 시간을 제외하고는 언제나 음악을 연주하거나 듣고 있다고 했다. 나는 그의 말에 잠시 할 말을 잃었다.

그동안 우리는 열여덟 살에 동양인 최초로 영국 리즈 국제콩쿠르에서 우승을 하고, 20대 중반에 세계적인 피아니스트로 성장한 한 젊은 피아니스트에 대해 정말이지 아무 생각 없이 천재라는 수식어를 달아주었다. 그리고 이에 대해 한 치의 의심도 하지 않았다.

신이 있어 그 신이 우리 인간을 창조해 이 세상으로 내려보내는 것이라면, 아마도 조금 더 사랑하거나 혹은 조금 더 중요한 사명을 위해 특별히 심혈을 기울여 창조하는 인간도 있는 모양이라고 내심 부러워했던 사람도 있을 것이다. 그러나 나는 피아니스트 김선욱을 만나고부터 어쩌면 천재는 절대로 태어나지 않는다는 말이 사실인지도 모르겠다는 생각을 하게 되었다.

우리는 누구나 이 세상에 올 때 천재적 재능 하나씩은 가지고 오는 것인지도 모른다. 하지만 살아가는 동안 그것에 집중하느냐 집중하지 못하느냐에 따라 누군가는 천재로 살아가고, 또 다른 누군가는 범재로 살아가는 것은 아닐까?

온 마음으로 어느 한 가지 일에 집중하기만 하면 영화배우 안성기처럼, 혹은 박중훈처럼, 마에스트로 정명훈이나 피아니스트 김선욱처럼 그 분야에서 일인자가 될 수 있다는 보장만 있다면 나도 당장 그렇게 할 수 있다고 자신하는가? 아마 대부분 그렇게 생각할 것이다. 하지만 그런 보장을 할 수 있는 사람도, 또 그런 보장을 받을 수 있는 사람도 없다. 우리 모두가 그러하듯 영화배우 안성기와 박중훈도, 마에스트로 정명훈과 피아니스트 김선욱도 그런 보장을 받은 바가 없다. 유일한 차이가 있다면 그들은 그런 보장이 없었음에도 집중을 했던 사람들이고, 우리는 보장이 있다면 집중할 수 있다고 생각만 하고 있는 사람들이라는 점이다.

집중하는 습관을 들이는 가장 쉬운 방법

집중의 습관을 만드는 데에는 자신이 좋아하는 것을 하는 것 이상의 방법은 없다. 가장 쉬운 방법이기도 하다. 내 경우에는 그것이 다름 아닌 프랑스어였다.

지금도 내가 사람들에게 가장 많이 받는 질문은 '어쩌다가' 프랑스어를 전공하게 되었느냐는 것이다. 짐짓 태연한 척 묻는 그들의 말 중에 끼어 있는 '어쩌다가'의 의미를 나는 누구보다 잘 알고 있다. '어쩌다가 프랑스어를 전공하게 되었느냐'는 질문의 참 의미는 '왜 이왕이면 영어를 전공하지 않았느냐'는 것이다.

예나 지금이나 외국어 중에서 최고의 대우를 받는 것은 분명 영어다. 하지만 나는 중학교 2학년 때 우연한 기회에 듣게 된 프랑스어의 아름다운 멜로디에 매료되어 프랑스어를 공부하기로 마음먹었다. 그리고 당시로서는 최고의 수재들만 다닌다는 경기여중과 경기여고를 다녔으니 진학 목표는 당연히 서울대학교 불어불문학과였다.

하지만 나는 서울대학교를 보기 좋게 낙방하고 말았다. 하필 서울대학교가 사상 처음으로 실시한 계열별 모집의 희생양이라는 위로가 쏟아졌다. 그도 그럴 것이 그 해에 서울대학교에 응시한 경기여고 3학년 문과 1등부터 18등까지 총 18 명 중에서 단 두

명을 제외하고는 줄줄이 낙방을 했기 때문이다.

서울대학교 합격자 발표 후 한 달 동안 내 부모님은 밤마다 내가 잠든 모습을 몰래몰래 지켜보셨다고 할 정도로 나의 낙방은 예상치 못한 결과였다. 하지만 나는 사실 그다지 낙담하지 않았다. 특별히 운이 나빴다는 생각도 하지 않았다. 왜냐하면, 함께 응시한 경기여고 동창생 18명 중에는 계열별 모집에도 불구하고 당당히 서울대학교에 합격한 친구도 분명 있었기 때문이다. 그러나 내 나름대로 최선을 다했기에 더 이상의 미련도 없었다. 유난히 수학 실력이 젬병이었던 나는 프랑스어를 공부하겠다는 일념 하나로 입시 공부에 매진했었다. 그 결과가 서울대학교 낙방, 그리고 한국외국어대학교 프랑스어과 합격이라고 나는 받아들이기로 했다.

함께 한국외국어대학교에 합격한 동창생 중에는 아예 입학도 하지 않고 곧바로 재수를 선택한 친구들도 있었고, 입학은 했지만 한두 달만에 학교를 그만두고 재수학원으로 간 친구들도 많았다. 하지만 나는 재수를 하겠다는 생각은 꿈에도 하지 않았다. 그 지겨운 수학 공부를 또 해야 한다는 것이 끔찍하기도 했지만 당시로는 흔치 않은 프랑스인 교수에게 프랑스어를 배울 수 있다는 점에서 한국외국어대학교가 무척 마음에 들었기 때문이다. 게다가 경기여고 출신 신입생들이 대거 중도 탈락을 할 것을 염려한 학교 측에서 면접 때 4년간 끝까지 다니기로 하면 장학금을 주겠다고 약속까지 했으니 나는 뭔가 큰 특혜까지 받는다는 기분이 들어 서울대학교에 낙방한 좌절감에 빠져 있을 겨를이 없었다.

나는 누구보다 즐겁게 그리고 그 누구보다 만족스럽게 대학 생활을 했다. 초등학교 6년, 중고등학교 6년을 개근했듯 대학 4년을 개근했을 정도로 학교생활이 즐거웠다. 열네 살부터 동경해 마지않던 프랑스어를 배우는 시간이 너무나 소중했고, 그런 만큼 프랑스어에 집중했다. 프랑스어에 대한 나의 집중을 눈여겨본 당시 프랑스어 회화 수업을 담당했던 마리 블랑슈 교수는 개인 지도를 자처해주었고, 그 덕에 나의 프랑스어 실력은 동급생 중에서는 단연 앞섰다. 그 보답으로 벽안의 외국인에게 호락호락할 리 없었던 서울 생활을 돕는다며 학교 밖에서도 거의 마리 블랑슈 교수와 함께하다 보니 실력은 나날이 좋아질 수밖에 없었다. 자신감도 꽤 붙었다.

좌절할 여유가 있으면 더 집중하라

마침내 나는 프랑스 정부 장학생으로 선발되어 프랑스 유학길에 올랐고, 한국인으로서는 처음으로 프랑스 파리 통번역대학원E.S.I.T.에 입학하게 되었다. 지금도 내 이력의 제일 첫머리를 장식하는 한국 최초의 국제회의 통역사를 향한 첫걸음을 내디딘 것이다.

이쯤 되면 사람들은 나의 프랑스 유학 시기가 그야말로 승승장구의 나날이었을 것으로 생각할 것이다. 하지만 그것은 나에 대한 가장 큰 오해 중의 하나이다. 어머니의 격렬한 반대에도 불구하고 프랑스어 통역사라는 꿈을 이루고자 파리에 도착한 바로 그날로부터 혹독한 시련은 시작되었다.

파리에 도착하자마자 나는 통번역대학원이 유명한 파리 제3대학을 찾아갔다. 한국에 있을 때 미리 면담을 요청해둔 터였다. 그러나 그곳에서 내가 듣게 된 말은 전공 외국어 사용 국가에서 적어도 12개월 이상 체류한 경험이 있어야 입학시험에 응시할 자격이 주어진다는 것이었다. 그때는 지금처럼 훌륭한 서비스가 제공되는 유학원이 있던 시절도, 인터넷 클릭 한 번으로 응시 자격을 훤히 알아볼 수 있던 시절도 아니기는 했다. 하지만 나는 그 엄청난 사실을 파리에 가서 학교 관계자를 만난 자리에서야 처음으로 알게 된 것이다.

청천벽력과도 같은 말이란 도대체 얼마나 엄청난 충격을 주는 말인지 나는 그때 확실히 알게 되었다. 그러나 불행 중 다행으로 뜻이 있는 곳에 길이 있다는 경험도 동시에 할 수 있었다. 엄청난 충격에 사로잡혀 할 말을 잃은 나에게 학교 관계자는 번역학부로 입학해 공부를 하면서 12개월 이상의 체류 경험을 취득하는 방법을 제안했고, 나는 그 제안대로 번역학부 입학시험에 응시해 입학 허가를 받았다. 그러나 삶이란 언제나 그러하듯 산을 넘으면 또 하나의 산이 기다리고 있기 마련. 이번에는 다른 동급생들에 비해 현저하게 뒤떨어지는 프랑스어 실력이라는 벽에 부딪히고 말았다.

지금처럼 해외어학연수가 흔한 일이 되기 전, 고등학교에서 제2외국어로 프랑스어를 공부한 사람이라면 한 번쯤 들어보았음직한 전설의 한국외국어대학교 프랑스어과 수석 졸업생에 대한 이야기가 있다. 명실공히 우리나라 외국어 교육의 메카라는 한국외국어대학교에서 프랑스어과를 수석으로 졸업한 한 학생이 프랑스 유학을 가서는 프랑스어를 한마디도 제대로 하지 못했다는 전설 말이다. 그 전설의 주인공이 바로 나다.

대학 4년 동안 마리 블랑슈 교수와 단짝처럼 붙어 다닌 내가 일상 대화에서조차 프랑스어를 한마디도 하지 못했던 것은 물론 아니다. 하지만 내가 해야 할 것은 생존을 위한 생활 프랑스어가 아니라 다양한 상황 속 정확한 메시지 전달을 위한 프랑스어이지 않은가. 등수를 매겨 발표하지는 않았지만 -프랑스 교육은 예나 지금이나 등수를 매기지 않는다- 나는 그 해 신입생 중에서 의심의 여지없는 꼴찌였다. 그것도 끝에서 둘째하고는 엄청나게 차이가 벌어지는 꼴찌, 아마도 학교 역사에 길이 남을 꼴찌였을 것이다.

한번은 연설문을 듣고 분석 요약해 제출하는 수업 시간에 내 답안지를 받아 본 교수가 나에게 걱정스러운 말을 건넸다. 요지는 프랑스어 실력은 둘째 치더라도 분석 능력이 떨어져서 수업을 따라오기 힘들겠다는 일종의 경고였는데, 나는 부끄러움을 느낄 겨를도 없이 어떻게든 따라갈 테니 도와달라고 통사정을 하며 매달렸다. 동급생들은 측은하다는 듯 나를 바라보았고, 교수가 수업을 마치고 교실을 나간 다음 몇몇 친구들이 나에게 다가와 나를 위로하기 시작했다. 그로부터 한참 뒤에야 알게 된 사실이지만 그때 그 교수가 나에게 한 말은 자존심에 큰 상처를 입을 수 있는, 거의 모욕에 가까운 말이라고 했다. 물론 분석력을 중요하게 여기는 프랑스 사람들과의 문화적 차이도 있었겠지만, 교수가 한 말의 진의를 파악할 프랑스어 실력이 없었던 당시의 나는 친구들의 우려와 달리 별로 큰 상처를 받지 않을 수 있었다. 어찌 생각해보면 다행스러운 일이기도 하지만 또 한편으로는 매우 처절한 이야기이기도 하다.

어쨌든 나에게 모욕에 가까운 말을 건넸던 그 교수는 나의 상처 받을 줄 모르는 굳건함에 감동했던지 프랑스 유력 일간지 <르몽드Le Monde>의 사설을 매일 읽고 분석 요약해 자기 서류함에 넣어두면 고쳐주겠다는 호의를 베풀었다. 나는 그길로 <르몽드>지를 사서 집으로 돌아갔다. 내 프랑스어 실력으로 사설을 읽고 내용을 파악하는 것만으로도 벅찬데 지금껏 해본 적도 없는 분석과 요약까지 하려니 딱 죽을 지경이었다. 사지선다四枝選多만 잘 하면 되는 주입식 암기 위주 교육에만 익숙한 나에게 분석은 외국어보다 훨씬 더 넘기 힘든 벽이었다. 유독 초저녁 잠이 많은 내가 까만 밤을 하얗게 새우며 과제를 해야 했다.

처음으로 제출했던 사설 분석 요약문은 마치 빨간 잉크에 담갔다가 뺀 것처럼 온통 빨간 글씨 투성이었다. 하지만 나는 매일매일 그 빨간 잉크로 뒤범벅이 된 분석 요약문을 찾고, 새로운 분석 요약문을 넣어두기 위해 교수의 서류함 앞에 섰다. <르몽드> 지의 사설과 씨름을 하며 얼마나 많은 밤을 지새웠는지 모른다. 그 결과 1년쯤 지나자 빨간 글씨가 거의 사라졌다.

그렇다면 그 이후 통역학부에 입학하는 것은 식은 죽 먹듯 수월했을 것으로 생각할 것이다. 그러나 나는 번역학부에서 1년을 공부한 다음 가까스로, 그야말로 가까스로 통역학부에 입학했다. 사실 엄밀히 시험 성적으로만 따지면 불합격되는 것이 정상이었을지도 모른다. 하지만 나에게 분석력이 없어 수업에 따라올 수 없다는 모진 말을 했던 바로 그 교수가 지난 1년간 내가 무서우리만치 집중하는 모습에서 앞으로 더 큰 가능성이 기대된다며 적극적으로 추천하는 바람에 겨우 시험에 통과할 수 있었다. 한국외국어대학 수석 졸업생은 파리 제3대학 통번역대학원 통역학부 꼴찌 입학이라는 전설도 남긴 것이다. 아마도 파리 제3대학 통번역대학원에도 전설로 남은 꼴찌였을 게 분명하다. 그러나 통역학부에서 공부할 때도 시련의 연속이었다. 자기 자신은 프랑스어가 모국어가 아니더라도 적어도 부모 중 한쪽은 프랑스어를 모국어로 사용하는 친구들, 그것도 아니라면 학창 시절의 일정 기간을 프랑스를 사용하는 국가에서 지낸 경험이 있는 친구들 사이에서 이도 저도 아닌 동양인이 1~2년 사이 그들을 따라간다는 것은 결코 쉬운 일이 아니었다.

물론 나라고 해서 이 모든 좌절이 아무렇지 않았던 것은 결코 아니다. 공부라면 결코 뒤져본 적이 없었던 내가 대학 입시 낙방이라니, 꼴찌라니, 분석력이 없어 수업에 따라올 수 없다니! 믿을 수 없는 현실의 벽 앞에서 그야말로 망치로 얻어맞은 듯 머릿속이 하얗게 변해버린 순간은 헤아릴 수 없이 많았다. 하지만 나는 그 좌절감에 오래 머무를 여유가 없었다. 그래서 한시라도 빨리 내가 할 수 있는 일에 집중해야만 했다. 그것은 바로 공부였다. 내가 열네 살부터 그토록 원했던 프랑스어 공부!

성공한 사람들의 화려한 이력은 대부분 '어쩌다 보니' 이룬 것이다

"어떻게 하면 최정화 교수님처럼 될 수 있나요?"

통번역사를 지망하는 후배들에게 내가 온·오프라인을 통해 자주 듣는 질문이다. 심지어 한국외국어대학교 통번역대학원에 입학한 신입생들까지도 나에게 하는 질문이다.

나는 늘 그들에게 이렇게 대답한다. 최정화처럼 되려고 하지 말고 지금 당신이 가장 원하는 일에 집중하라고, 나 역시 단지 그렇게 집중했을 뿐이라고 말이다. 그리고 그들에게 왜 21세기를 살아가는 당신들이 굳이 20세기의 최정화처럼 되려고 하느냐고 되묻는다. 지금은 적어도 시험 응시 자격도 정확히 모르는 채로 비행기를 타야 하는 시대가 아닌데 말이다.

나는 내가 집중하고 싶고, 또 집중할 수 있는 프랑스어에 온 마음을 다해 집중했다. 그 집중의 힘으로 생각만 해도 지긋지긋한 수학 공부를 하며 입시를 견뎠고, 그 집중의 힘으로 대학 4년을 누구보다 행복하게 보냈다. 그리고 그 집중의 힘으로 프랑스어 실력으로는 꼴찌였던 내가 한국 최초의 국제회의 통역사가 되었고, 아시아인으로는 처음으로 파리 제3대학에서 통번역학 박사 학위를 받을 수 있었다.

그러고 보니 내 이력에는 최초가 참 많다. 한국 최초 국제회의 통역사, 아시아 최초 파리 제3대학 통번역학 박사, 아시아 최초 다니카 셀레스코비치상 수상, 한국 여성 최초 레지옹 도뇌르Légion d'honneur 프랑스 국가최고 훈장 수훈 등등. 그리고 지금껏 살아오면서 그 최초라는 이력의 덕을 톡톡히 본 것도 사실이다. 따지고 보면 분석력이 없어 수업을 따라갈 수 없을 지경이었던 나에게 교수가 개인적으로 첨삭 지도를 해주겠다며 호의를 베푼 데에도 내가 한국인 최초의 파리 통번역대학원 입학생이라는 점이 어느 정도 작용했을 것이다.

하지만 처음부터 최초가 되려고 했더라면 나는 절대로 지금처럼 될 수 없었을 것이다. 사실 최초가 많은 나의 이력은 '어쩌다 보니' 따라온 것이었다. '어쩌다 보니'라는 나의 말에 겸손도 지나치면 거만이라고 면박 아닌 면박을 주는 사람들이 간혹 있다. 하지만 이는 겸손도 아니요, 거만은 더더욱 아니며 그저 진실일 따름이다. 정말 어쩌다 보니 그렇게 된 것을 난들 어쩌겠는가.

나의 이 '어쩌다 보니'와 뜻을 같이하는 사람이 또 한 명 있었다. 그는 내가 좋아하는 사진 예술가 배병우이다. 그는 유럽의 유명 소장가들 사이에서 '미스터 파인트리Mr. Pinetree'라는 별명으로 불릴 정도로 소나무 사진으로 유명한 사진가이다. 배병우라는 그의 이름은 모르는 문외한도 마치 한 폭의 수묵담채화 같은 그의 소나무 사진은 어디서 본 적이 있다고 말할 것이다. 그래서 후배 사진가들은 배병우 이후 '소나무 숲 풍경 사진은 죽은 사진이 되었다'며 이제 그 누구도 소나무 사진으로 배병우를 넘을 수는 없을 것이라고 말한다.

그러나 정작 배병우 씨는 '어쩌다 보니' 그 사진을 찍게 되었고, 자신은 단지 운이 좋았기 때문이라고 늘 말한다. 아름다운 풍경이 눈앞에 펼쳐질 때 하필 자신의 손에 카메라가 들려 있었고, 그래서 자신이 '찰칵' 하고 셔터를 누르는 순간 하필 그 아름다운 풍경 위로 그 신비한 빛이 흘러갔기 때문이라고 말이다. 그러나 그 운은 30년 동안 한결같은 마음으로 소나무 숲을 찾아간 그였기에 잡을 수 있는 것이 아닐까? 비가 오나 눈이 오나 추우나 더우나 전국 방방곡곡의 소나무 숲을 찾아다닌 그의 무서운 집중이 없었다면 아마도 운은 그의 곁을 미끄러지듯 지나가 버리고 말았을 것이다.

그렇지만 그 역시 처음부터 소나무 사진의 대가가 되기 위한 목표를 세우고 소나무 숲을 찾아다닌 것은 아니었을 것이다. 어느 날 문득 그의 시야에 아름다운 한국의 소나무 숲이 다가왔을 테고, 그래서 그는 그 소나무 숲에 집중하게 되었을 것이고, 그 집중이 30년을 훌쩍 넘다 보니, 그에게 소나무 사진의 대가라는 타이틀과 미스터 파인트리라는 별명이 따라왔을 것이다. '어쩌다 보니' 말이다.

자신의 인생을 성공으로 이끈 사람들의 이력을 화려하게 장식하고 있는 타이틀은 대부분 '어쩌다 보니' 따라온 결과일 뿐 처음부터 그것을 목표로 삼은 사람은 아무도 없을 것이라는 게 내 평소 생각이다. 더욱이 나는 최초가 많은 나의 이력을 그다지 특별한 것이라고 생각하지도 않을뿐더러 자랑스럽게 생각하지도 않는다. 최초란 본디 희소성에서 가치를 얻는 것이고, 실제로는 어설픔을 의미하는 것이라고 생각하기 때문이다. 그래도 나는 이 최초의 덕을 많이 본 사람으로서 신이 나에게 이렇게나 많은 최초를 허락해주신 것에 대해 진심으로 감사하고 있다. 세상은 어설픈 최초에게 늘 과분한 상을 주기 때문이다.

집중하라,
분명 지금보다 훨씬 더 많은 것을 이루게 될 것이다

"엄마! 오늘 저녁 김치찌개는 제가 지금껏 먹어본 김치찌개 중에 최고예요! 최고!!"

어린 시절 밥상머리에서 내가 이렇게 말하면 형제자매들은 나에게 핀잔을 주곤 했다.

"야! 넌 어제도, 일주일 전에도 그렇게 말했거든! 넌 뭐가 그렇게 만날 최고냐?"

그래서 나는 가족들에게, 그리고 친구들에게 '너는 어떻게 항상 지금 너와 함께 하고 있는 것이 세상 최고냐'는 말을 많이도 들어왔다. 요즘은 제자들과 남편도 내게 이 말을 자주 한다. 그런데 이상하게도 나는 늘 그런 생각을 하게 된다.

내 모국어인 한국어와 내가 전공한 프랑스어가 세상에서 가장 아름다운 언어라는 생각이 들고 -적어도 내 귀에는 그렇게 들린다는 것이다-, 내 모교인 한국외국어대학교와 파리 제3대학은 최고 수준의 대학이며 -사실 다른 대학은 다녀본 일이 없으므로 정확한 비교는 불가능하지만 내 생각은 그렇다는 것이다-, 내 후배, 내 제자들이 최고의 인재들이라고 -나는 내 후배나 내 제자들을 절대로 남과 비교하지 않기 때문에 내겐 그들이 항상 최고일 수밖에 없다- 나는 생각한다. 오늘 이 시간이 내 생애 최고의 시간이고, 오늘 마신 차가 최고로 향기로운 차라고 나는 진심으로 그렇게 느끼고 생각한다. 그래서 언제나 나의 오늘은 내 삶의 최고 기록을 경신한다.

그래서일까? 나는 웬만해서는 어떤 일에 대해 후회하는 일도 없다. 사실 후회하는 마음이 잘 생기지도 않는다. 내가 후회를 하는 유일한 때는 최선을 다하지 않았을 때뿐이다. 최선을 다했다면 실수도 실패도 다 훌륭한 기회가 될 수 있다고 믿는다. 그러나 최선을 다하지 않았다면 요행히 실수를 면하고, 실패를 피했다 하더라도 그것이 결코 성공은 아니라는 것을 자기 자신은 분명히 안다.

최선을 다하지 않은 것에 대한 후회. 그것은 후회해봤자 아무런 소용이 없는 무의미한 감정 낭비에 불과하다. 그 무의미하고 불필요한 감정 낭비를 하지 않기 위해서라도 최선을 다해야만 한다.

나는 내가 선택한 것에 대해서도 언제나 그것이 최고라는 생각을 한다. 아니 그렇게 생각하려고 한다. 물론 객관적인 기준에서 내 선택이 최고가 아닌 때도 분명 있긴 있었을 것이다. 그러나 이미 내가 선택한 것이기에 그것을 최고라고 믿을 뿐이다. 그리고 내가 선택한 것에 집중할 따름이다. 그렇기에 지금 나와 함께 하고 있는 모든 것도 항상 최고가 될 수 있는 것인지도 모른다.

잠시 이 글의 서두에서 언급했던 파울로 코엘료의 소설 <연금술사>로 돌아가 보자.

> "우리 각자는 젊음의 초입에서 자신의 자아의 신화가 무엇인지 알게 되지. 그 시절에는 모든 것이 분명하고 모든 것이 가능해 보여. 그래서 젊은이들은 그 모두를 꿈꾸고 소망하기를 주저하지 않는다네. 하지만 시간이 지남에 따라 알 수 없는 힘이 그 신화의 실현이 불가능함을 깨닫게 해주지."

여기에서 '자아의 신화가 실현 불가능하다는 것을 깨닫게 하는 알 수 없는 힘'이란 도대체 무엇을 의미하는 것일까? 파울로 코엘료는 그 힘이 분명 '나쁜 기운'이기도 하지만 사실은 바로 그 기운이 '자아의 신화를 실현할 수 있도록 도와주고 우리의 정신과 의지를 단련시켜주는 힘'이기도 하다는 조금 모호한 표현을 했다.

그런데 나는 그것이 자기 선택에 대한 후회가 아닐까 생각한다. 그리고 사실은 어쩌면 그 힘이 자아의 신화가 실현 불가능함을 깨닫게 해주는 것이 아니라 자아의 신화를 실현 불가능하게 만들어버리는 것은 아닐까 하는 생각도 하게 된다. 왜냐하면, 후회하는 마음이 드는 순간 우주의 마음까지도 움직여 마침내 내가 원하는 것을 이루게 하는 우리들 마음의 집중은 반드시 방해를 받게 되기 때문이다.

확실히 자신의 선택에 대해 후회하지 않고, 끝까지 고수하며 집중하기가 더욱 어려워진 시대이기는 하다. 물건 하나를 사더라도 전국, 아니 전 세계 온·오프라인 상점에서 각각 얼마에 판매하고 있는지 비교 검색을 할 수 있는 시대이니 내 선택이나 내 삶 또한 다른 이의 그것과 비교하지 않을 수 없는 것이 현실이다. 그러나 지나친 비교 또한 집중을 방해하는 걸림돌이 될 뿐이다.

때때로 타인과의 비교가 우리 마음속에 잠재된 경쟁 욕구를 자극해 발전을 가져올 때도 있지만 대부분의 경우에는 이 또한 '자아의 신화가 실현 불가능하다는 것을 깨닫게 하는 알 수 없는 힘'으로 작용한다. 사람은 누구나 내가 갖지 못한 것에 대한 동경과 아쉬움을 더 크게 느끼기 때문이다. 그래서 항상 남의 집 잔디가 더 푸르게 보이는 것이다. 그러나 물을 주고 가꿀수록 더 푸르러지는 것은 분명 우리 집 잔디이다.

"지금 갖고 있는 것, 고마워해야 할 것에만 집중하면 아마 지금보다 훨씬 더 많은 것을 보게 될 것이다."

미국에서 20년이 넘도록 최고의 시청률을 고수하고 있는 토크쇼 진행자이자 세계에서 가장 영향력 있는 여성 중 한 명으로 꼽히는 방송인 오프라 윈프리Oprah Winfrey가 한 말이라고 한다. 나는 그녀의 말에 한 줄을 더한다면 또 하나의 위대한 진실이 탄생할 것이라고 생각한다. 그것은 "그리고 분명 지금보다 훨씬 더 많은 것을 이루게 될 것이다." 라는 말이다.

Choi's Ritual 01

하루에 단 15분이라도 거르지 않고 운동을 한다

집중은 건강한 몸과 마음에 깃드는 습관이다

집중은 자기가 가진 모든 에너지를 한데 모으는 것이다. 어느 한 곳에 그 에너지를 몽땅 쏟아 붓는다는 점에서 몰입과도 비슷하다. 하지만 나는 집중의 또 다른 표현은 최선을 다하는 것이라고 생각한다.

집중력이 약해 매사에 최선을 다하지도 못하는 사람들의 가장 흔한 핑계는 근심과 걱정이다. 언제나 이런저런 걱정거리가 끊이지를 않는다는 것이다. 그런데 그런 사람들을 가만히 살펴보면 A를 해야 할 때는 B를 걱정하고, B를 해야 할 때는 A를 걱정한다. 100%가 그렇다.

이를테면 회사에 출근해서는 집안일을 걱정하고, 퇴근해서는 회사 일을 신경 쓰는 식이다. 당연히 회사 업무에도 집안일에도 집중하지 못하고 최선을 다하지 못하는 결과를 낳는다.

출근해서는 집안일을 잊고, 퇴근한 다음에는 회사 일을 잠시 머릿속에서 지워버릴 수 있어야 한다. 지금 이 순간 가장 중요한 것을 위해 나머지는 과감히 접어둘 수 있어야 집중이 가능하다. 아무리 세상이 멀티태스킹multitasking을 선호하는 시대라지만 그건 또 다른 맥락의 얘기다. 최소한 우선순위를 생각할 줄 알아야 집중이 가능하다.

핑곗거리라고 할 수는 없겠지만, 집중을 방해하는 또 하나의 요인은 건강하지 못한 몸이다.

병에 걸리면 우리 몸은 그 병과 싸워 이기기 위해 막대한 에너지를 사용한다. 그래서 아픈 것이다. 아프다는 것은 병이 우리 몸을 지배하고 있다는 증거가 아니라 오히려 우리 몸이 병과 싸우고 있다는 증거가 된다. 우리가 아파서 병원을 찾았을 때 가장 많이 듣게 되는 말, '무리하지 말고 푹 쉬라'는 것은 우리의 몸이 병과 싸우는 데에 에너지를 충분히 쓸 수 있도록 에너지를 불필요하게 사용하지 말라는 의미다. 따라서 몸이 아프다는 것은 집중해야 할 에너지가 다른 곳으로 새나가고 있는 것이다.

그러고 보면 집중은 건강한 몸과 마음에만 깃들 수 있는 습관이다.

나는 타고난 건강 체질이다. 작은 고추가 더 맵다고, 이 아담한 몸이 건강으로 똘똘 뭉쳐져 있는 모양이다. 부모님께 감사할 일이다.

프랑스 유학 시절 그토록 집중해서 공부할 수 있었던 것도, 하루 종일 한 끼도 제대로 먹지 못하고 강행군하는 국제회의 통역을 진행하면서도 체력적 한계에 부딪힌 적이 없었던 것도, 학교 일과 CICI 일을 병행하며 언제나 이렇게 바쁘게 살면서도 몸과 마음이 모두 행복한 것도 다 타고난 건강 덕분이다.

그래서 나는 늘 말한다. 나는 특별히 머리가 좋은 사람이 절대 아니라고. 다만 감사하게도 늘 운이 따랐고, 그중에서 가장 큰 운은 누구보다 건강한 몸을 가지고 이 세상에 태어났다는 것이라고. 그리고 그 건강한 몸 덕분에 나는 누구보다 집중할 수 있었던 것뿐이라고 말이다.

게다가 나는 정말 잘 먹고 잘 잔다. 많이 먹고, 많이 잔다는 것이 아니라 누구와 뭘 먹든 즐겁게 먹고, 어떤 상황에서든 잘 먹고 편안하게 소화할 수 있다는 의미다.

잠도 언제나 숙면을 취한다. 수면량이 많은 편은 아니지만 그래서 그런지 자야겠다고 생각하면 금세 잠들 수 있는 정말 특이한 체질이다. 지금껏 시차 때문에 힘들었던 적이 한 번도 없다. 오죽하면 남편 디디에는 나와 침대에 나란히 누워서 이런저런 얘기를 해보는 것이 소원이란다. 침대에 눕는 순간, 나는 이내 잠에 곯아 떨어지기 때문이다.

그런데도 나이가 들면서 점점 체력이 예전만 못하다는 것을 자각하게 된다. 그래서 시작한 것이 운동이다. 아무리 바빠도, 하루에 20~30분은 거르지 않고 운동을 하려고 한다. 그래서 몇 년 전부터 다시 시작한 것이 바로 수영이다.

사람들은 온몸을 물에 적시는 수영이 번거로운 운동이라고 생각하지만 조금만 생각을 바꾸면 수영만큼 효율적인 운동도 없다. 아무리 바빠도 씻기는 해야 하는데 그 씻는 시간을 조금만 늘리면 운동도 함께할 수 있기 때문이다.

집에서 가까운 수영장에 등록을 하고 외출 전에 반드시 수영장을 들러 아주 잠깐이라도 풀pool에 몸을 담근다. 물 찬 제비처럼 멋지게 수영하지 못하면 어떤가. 물 안에서 잠시나마 허우적대는 것도 매일 하면 운동이다.

내 가장 큰 무기, 집중의 습관을 유지하기 위한 나의 리추얼Ritual이다.

문화
Culture

통역 없이도 전 세계에서 통하는
세계 공통 언어

젊음이여,
그대 영혼의 음악에 귀 기울여라!
내가 이 우주의 유일자란 것을 알고 있는 사람은
장작 하나를 패도 그 도끼 소리에
자신의 영혼을 담은 음악소리를 낼 수 있을 것이다.

이어령

전 세계적으로 가장 많이 사용되고 있는 언어는 무엇일까?

일반적으로 전 세계에서 가장 광범위하게 통용되는 언어라는 측면에서 세계 공통어는 영어니까 당연히 영어라고 대답하는 사람들이 많을 것이다. 하지만 그 엄청난 자국 인구로 인해 전 세계에서 가장 많은 사람이 사용하는 언어는 중국어라고 한다. 전 세계 인구의 1/5이 중국어를 사용한다니 작고 작은 나라 대한민국의 국민으로서는 그저 놀라울 따름이다.

그러나 영어와 중국어를 능가하는 세계 공통어가 하나 더 있다. 그것은 다름 아닌 손짓 발짓 몸짓 언어, 일명 보디랭귀지다. 웬만큼 눈치 있는 사람이 웬만큼 눈치 있는 사람 앞에서 이 언어를 사용하면 웬만큼은 다 통한다. 물론 웃자고 하는 말이지만 딱히 틀린 말은 아니다.

이 보디랭귀지를 능가하는 세계 공통 언어가 하나 더 있다. 바로 문화다.

나는 일찍이 통역 없이도 전 세계적으로 통할 수 있는 언어가 바로 이 문화라는 것을 몸소 체험한 사람이다. 그것도 한류의 ㅎ자도 시작되기 훨씬 전인 1970년대에 말이다.

1978년 내가 한국인으로서는 처음으로 파리 제3대학 통번역 대학원에 입학했다는 것은 내가 잘나서가 아니라 그 당시에는 그만큼 우리나라 한국이 지구촌 변방 국가에 불과했음을 의미한다. 그러니 당시 나와 함께 공부했던 친구들에게 나는 호기심의 대상이 아닐 수 없었을 것이다. 그렇지 않아도 동양이라고 하면 신비의 나라로 생각하는 유럽 사람들이 아닌가. 턱걸이로 입학을 해 여전히 꼴찌를 면하지 못하며 힘겹게 수업을 따라가고 있는 동양 여학생에게 도움의 손길을 내미는 고마운 친구들이 꽤 많이 있었다.

통번역사 지망생이라면 대개 모국어 이외의 언어를 하나 이상 완벽하게 구사하는 것을 목표로 한다. 그렇기 때문에 모국어가 다른 학생들끼리는 각자 자신 있는 언어를 가르쳐주며 자신이 모자란 부분을 채워가는 이른바 품앗이 공부를 하는 것이 일반적이다. 예를 들어 프랑스 학생은 영국 학생에게 프랑스어 공부를 하는 데 도움을 주고, 영국 학생은 프랑스 학생에게 영어를 공부하는 데에 도움을 주는 식이다.

그런데 그때는 그들 중 누구도 한국어를 배워야 할 이유가 없었을뿐더러 호기심에서라도 배우려는 학생조차 아무도 없었다. 아마 모르긴 해도 한국이라는 나라에 고유한 언어가 있다는 것조차 아예 몰랐던 이들도 꽤 되었을 것이다. 혹시 내가 우리말을 하는 것을 듣고 한글을 쓰는 것을 직접 보았다 하더라도 그건 중국어라고 생각해버리는 이들도 많았을 것이다.

불고기와 잡채, 화투놀이로 시작한 최정화 스타일 한국 문화 알리기

이런 상황에서 나에게 선뜻 도움의 손길을 내밀어 준 친구들이 있었다. 그 고마운 마음을 표현할 길이 없었던 나는 친구들을 내 방으로 초대해 서툰 솜씨로나마 불고기와 잡채를 만들어 주었다. 그들은 난생처음 맛보는 동양의 맛에 흠뻑 취했고, 난생처음 해보는 묘기 같은 젓가락질에도 흥미를 느꼈다.

내친 김에 식사를 마친 다음 화투를 가르쳐주었다. 그 화투로 말할 것 같으면 서울에서 파리로 오던 대한항공 비행기 안에서 승무원들이 한 갑씩 나누어 주기에 나도 얼떨결에 받아 두었던 것이다. 지금은 서울에서 파리까지 직항은 11시간 정도밖에 안

걸리지만, 당시에는 알래스카를 경유해 비행시간이 18시간이나 되었다. 냉전 시대 우리 비행기는 러시아당시 소련 영공을 지날 수 없었기 때문이다. 그 긴 시간 동안 승객들이 지루할까 봐 항공사에서 준비한 서비스였던 모양이다. 그 화투가 이렇게 요긴할 줄은 꿈에도 몰랐다. 친구들은 동양식 카드놀이의 재미에 푹 빠졌다.

그 이후 친구들은 불고기와 잡채가 먹고 싶을 때마다 혹은 화투가 치고 싶을 때마다 내 방을 찾았다. 그리고 당연하다는 듯 나와 함께 공부하며 이런저런 도움을 주기를 자청했다. 화투를 배우려는 친구들이 어찌나 많았던지 나중에는 아예 공부 2시간에 화투 30분이라는 규칙을 정해야 할 지경이 되었다. 그렇게 나는 낯선 이방인에서 조금씩 그들의 무리 안으로 들어가게 되었다.

서양 친구들의 화투 사랑은 좀처럼 식을 줄을 몰랐다. 급기야 나는 한국으로부터 화투를 공수받아 친구들에게 나누어줘야 했고, 그 친구들이 방학 때 집에 가서 이 동양의 카드놀이를 전파하는 바람에 그다음 방학에는 프랑스 다른 지방으로 원정 게임(?)을 하러 가게 되었다. 그 덕에 가난한 유학생으로는 꿈도 못 꿨을 프랑스의 다양한 지방을 여행하기도 했고, 현지인의 집에서 편하게 홈스테이도 할 수 있었다. 생생하게 살아있는 프랑스어를 몸소 익힐 수 있었음은 물론이다.

개강하고 그 소문을 접한 한 영국인 친구가 자기 부모님도 원조(?)와의 게임을 갈망하고 있다며 다음 방학은 영국에 가서 함께 지내자고 했다. 그렇지 않아도 영어 공부를 더 할 방법을 찾고 있었던 나는 마다할 이유가 전혀 없었다.

아일랜드계 영국인이었던 그 친구의 집에서 나는 마지막 여름방학을 보냈다. 스탠다드 영어를 사용하던 그 친구와 달리 그의 부모는 어찌나 억양이 강한 영국식 영어를 하던지 처음에는 무슨 말을 하는지 하나도 알아들을 수도 없었다. 하지만 그들과 함께 먹고 자고 화투 치고(?) 생활을 하다 보니 어느새 낯설기만 하던 영국식 발음에도 익숙해졌다. 지금 내가 영국식 영어를 수월하게 이해하는 것은 다 그 친구와 화투의 덕이다.

그 친구의 집에 머물고 있는 동안 내 어머니는 친구의 어머니에게 '우리 딸을 보살펴주어 감사하다'는 내용의 편지를 보내셨다. 물론 한글로 쓴 편지였다. 나는 친구와 친구 가족들 앞에서 그 편지의 내용을 동시통역하듯 영어로 번역해 읽어주었다.

그런데 이상한 일이 일어났다. 편지 내용을 다 듣고 난 다음 처음 받아 보는 동양의 편지를 돌려 보며 신기해하는 가족들에게 내 친구는 이것이 '중국어 편지'라고 말하는 것이었다. 내가 한국, 코레Corée에서 온 최Choi라는 것을 모를 리 없는 친구가 말이다.

나는 강하게 부정하며 이 편지는 '한국 사람인 내 어머니가 우리말인 한글로 쓴 한국어 편지'라고 단호하게 말했다. 그러자 친구는 조용히 내 귀에 대고 말했다.

"물론 나는 알고 있어! 하지만 우리 가족들에게 아시아는 어느 나라든 다 중국이야. 중국어 편지라고 해야 아시아에서 온 걸로 알지 한국어 편지라고 하면 어느 대륙에서 온 줄도 모르게 된단 말이지."

하긴 그렇다. 불고기와 잡채, 젓가락질과 화투놀이를 경험하고 그 매력에 빠졌다고 해서 그들이 한국을, 한국의 문화를 제대로 알게 된 것은 아니다. 그리고 그때는 그랬다. 고작 외국 사람들이 경험할 수 있는 우리의 문화라는 것이 겨우 불고기 정도였다.

한국이미지커뮤니케이션연구원을 탄생시킨 한마디 말, "아 유 코리안?"

생각해보면 파리에 온 지 만 3년이 넘도록 나는 처음 만나는 사람에게 한국 사람이냐는 질문을 들어본 적이 단 한 번도 없었다. 중국 사람이냐고 묻거나 일본 사람이냐고 묻고 난 다음에는 그럼 어느 나라에서 왔느냐고 묻는 게 정해진 질문의 순서였다. '코레'라고 대답하면 그들의 표정은 한순간 멍해졌다. 아마도 우리가 몰도바Moldova-유럽 동부 내륙에 있는 나라-나 차드Chad-중앙 아프리카에 있는 나라-라는 국가 이름을 처음 들었을 때 짓게 되는 표정도 그러할 것이다.

내가 외국에서 낯선 사람에게 처음으로 한국 사람이냐는 질문을 받게 된 것은 그로부터 20년도 훨씬 더 지난 2003년의 일이다.

2003년 초 나는 남편과 인도네시아 여행 중에 세계 7대 불가사의 중 하나이자 세계 3대 불교 유적지 중 하나인 보로부두르Borobudur 사원을 방문했다. 일출이 장관이라는 보로부두르 사원에 나와 남편이 도착한 시간은 새벽 4시. 아직 어슴푸레한 밤의 기운이 채 걷히지 않아 가시거리가 얼마 되지 않는 그곳에서 한 중년의 남자가 나에게 말을 걸어 왔다.

"아 유 코리안Are you Korean?"

순간 나는 내 귀를 의심했고, 내가 우물쭈물하고 있는 사이 그 남자는 내가 못 알아들은 줄 알고 다시 한 번 또박또박 "코리안KOREAN?" 하고 물었다. 나는 반가운 나머지 그의 손을 잡을 뻔했다. 나는 그렇다고 대답을 하고는 한국을 잘 아느냐고 물었다. 그러자 그의 대답은 의외로 간단했다.

"나는 히딩크의 나라에서 왔습니다."

아, 그는 네덜란드 사람이었다.

이 일은 나에게 참으로 많은 생각을 하게 해주었다. OECD 회원국이 되고 GDP 순위를 올리는 것도 중요하지만, 그 못지않게 중요한 일이 있다는 것을, 국격이라고 하는 것은 그런 경제적 지표나 순위만으로 높아지는 것이 아니라는 것을 새삼 깨닫게 한 사건이었다. 그리고 그때 나는 CICI의 설립을 결심했고, 같은 해에 이를 실행에 옮겼다.

20년 이상 국제회의 통역사로, 그리고 통역사를 지망하는 후학을 양성하는 교육자로 살아온 내가 어느 날 갑자기 전 세계에 한국의 문화를 널리 알리는 일을 하겠다며 단체까지 설립했을 때 많은 사람이 의아해했다.

해외에 체류한 경험이 있는 사람이라면 알 것이다. 우리는 별로 대수롭지 않게 여기는 우리의 문화가 실상 세계무대에서는 얼마나 크고 밝은 빛을 발할 수 있는 것인지를. 강대국들이 콧대 높여 자랑하는 그들의 우월한 문화만큼이나 빛나는 우리 대한민국의 문화도 얼마나 많은지를. 그리고 또 알 것이다. 우리가 얼마나 작은 나라인지, 그래서 대한민국이라는 나라와 그 나라의 문화를 모르고 살아간다고 해서 그들에게는 크게 손해날 것이 없다는 것도 말이다.

20년 만에 처음 들어본 한국 사람이냐는 그 말 한마디에 파리 유학 시절로부터 시작해 지금까지 해외 각국을 마치 친정 드나들 듯 드나들며 한국 사람으로서 내가 느꼈던 서러움과 울분, 그럴수록 한 치도 양보할 수 없고 더욱 물러설 수 없다는 오기로 똘똘 뭉쳤던 내 젊은 시절이 그야말로 주마등처럼 스쳐 지나갔다. 만감이 교차했다. 그리고 지금이야말로 세계무대에서 우리 문화로 소통할 수 있는 적시라는 확신을 하게 되었던 것이다.

쇠도 달아올랐을 때 두드려야 한다고 하지 않았던가. 히딩크 덕분이면 어떻고, 월드컵의 여파면 또 어떠랴! 우리나라 한국에 대한 관심이 조금이라도 생겼을 때 하나라도 더 알리자. 엎어진 김에 쉬어 간다고 그들도 이왕지사 우리나라를 향해 고개를 돌린 김에 좀 더 알아보고 싶은 마음이 들지 않을까.

그렇게 시작한 우리 CICI의 활동이 10년 남짓 이어졌을 무렵이다. 파리공항에서 택시를 잡아탄 나는 또다시 내 귀를 의심하게 되는 질문을 받게 된다. 손에 든 짐과 함께 택시에 올라타느라 정신이 없는 나에게 택시기사는 '퓌씨의 나라'에서 왔느냐고 물었다. 아무리 우리나라가 IT 강국이기로서니 설마 외국에서 'PC의 나라'로 불리는 것인지 생각하는 사람들도 있을 것이다.

'퓌씨'는 지난 2012년 <강남스타일>로 전 세계를 뒤흔든 가수 싸이PSY의 프랑스식 발음이다. 그러니까 그 택시기사는 나에게 '싸이의 나라', 한국에서 온 사람이냐고 물어본 것이었다. 내가 한국 사람이라는 것을 뻔히 아는 친구가 내 어머니가 한글로 써 보낸 편지를 내 앞에서 버젓이 '중국어 편지'라고 말하던 때를 떠올리며 나는 그야말로 격세지감을 느끼지 않을 수 없었다.

세계무대를 향한 승부수, 우리 문화에 대한 긍지와 이 문화에 대한 폭넓은 이해

돌이켜보면 지난 2012년 우리는 가수 싸이로 인해 그 어느 해보다 신명 나는 한 해를 보낼 수 있었다. 세계 각국에서 어눌한 한국어로 <강남스타일>을 노래했고, 흥에 겨워 펄쩍대며 '말춤'을 추었다. 해외여행 중에도 우리를 향해 환호하며 '강남스타일'을 노래하고, '싸이'라는 이름을 불러대는 외국 사람들을 어렵지 않게 만날 수 있었다. 2002년 한일 월드컵 이후 처음으로 세계 어디서나 '아이 엠 코리안I am KOREAN'이라고 말하는 어깨가 절로 으쓱해지며, 힘을 주어 발음하게 되었던 때였으리라.

고교 졸업 후 미국 유학길에 올라 미국에서 대학을 다녔던 싸이는 통역 없이도 외신 기자들과의 영어 인터뷰가 가능할 뿐만 아니라 미국 TV 토크쇼에서도 그 거침없는 입담을 과시할 정도로 영어 실력이 뛰어나다. 하지만 그의 노래 <강남스타일>은 추임새와 후렴구를 제외한 거의 대부분이 우리말 가사이다. 한국 사람이 한국에서 처음 발표한 노래이니 당연한 일이라고 생각할 수도 있다. 하지만 유튜브와 SNS를 통해 전파된 그의 뮤직비디오가 전 세계를 강타한 이후에도 그는 여전히 전 세계 어느 무대에서든 우리말로 노래했다. 그 결과 전 세계인들이 입을 모아 '강남스타일'을 발음하게 된 것이다.

심지어 미국 어느 방송사의 토크쇼에 출연해 당당하게 우리말로 "안녕하십니까? 대한민국에서 온 가수 싸이입니다!" 하고 첫 인사를 마치고는 마치 화면을 지켜보고 있는 한국 사람들에게만 귓속말하듯 '꼭 한번 이렇게 해보고 싶었다'고 속삭이듯 말하던 싸이. 그의 모습을 본 사람이라면 그 당당함에, 그 재치와 익살에, 그리고 그 진심에 매료되지 않을 수 없었으리라.

<강남스타일>로 일약 전 세계가 주목하는 스타가 된 싸이는 이후 발표하는 신곡도 우리말 가사를 사용한다는 원칙을 고수했다. 그리고 그의 노래는 이제 세계에서 가장 많은 사람들이 따라 부를 수 있는 한국 노래가 되었다.

가수 싸이는 자신을 B급, 또는 딴따라라고 한없이 낮추는 사람이다. 실제로도 그 엄청난 유명세에 비해 겸손하기가 이를 데 없다. 우리 CICI가 한 해 동안 한국의 문화와 이미지를 널리 알린 그의 공로를 인정해 '한국 이미지 디딤돌 상'을 수여했을 때, 그는 자신과 같은 B급 딴따라가 받기에는 너무 과분한 상이라며 상당히 멋쩍어했다.

사람들은 어느 날 갑자기 등장한 가수 싸이에 대해 처음에는 그다지 곱지 않은 시선을 보내기도 했다. 그가 부유한 집안의 아들이라는 것도, 그의 아버지가 이름만 대면 알만한 회사의 경영주라는 것도, 심지어는 그가 미국 유학을 했다는 것까지도 그에게는 미운털이 되어 박혔다. 도피성 미국 유학이었을 거라는 둥, 한인 사회에서 클럽이나 다니고 놀다가 얼떨결에 가수가 되었을 거라는 둥 확인되지 않은 소문들이 퍼졌고, 이 소문들은 자신을 B급이라고, 싸구려라고 비하는 그의 이미지에 스며들어 가 사실인 양 굳어지는 듯 했다.

그러나 그가 미국에서 어느 대학 무슨 과를 다녔든 말든, 그가 유학 시절 학교보다는 클럽에서 더 자주 볼 수 있는 얼굴이었든 말든 그는 이제 어린 시절부터 그토록 좋아했던 음악으로 전 세계에 자기 자신과 자신의 나라이자 우리들의 나라인 한국을 널리 알린 가장 문화적인 인물이 되었다.

어느 날 갑자기 화제의 중심에 선 사람들에게 우리는 '자고 일어나니 유명해졌다'는 말을 하곤 한다. 이 말의 유래는 영국의 낭만파 시인 바이런Byron이다. 1812년 바이런은 <차일드 해럴드의 순례>를 발표하고 여기저기에서 자신을 알아보기 시작하자 자신의 유명세를 '어느 날 아침, 눈을 뜨니 유명해져 있더라'고 표현했다고 한다.

그러나 자고 일어나서 저절로 유명해지는 일은 사실상 일어나지 않는다. 그리고 그 말의 참뜻도 아무런 개연성 없이 그저 하룻밤 푹 자고 일어났을 뿐인데 유명해졌다는 것은 아닐 것이다. 다만 언제나 그러하듯 똑같은 일을 하고 있었을 뿐인데 세상이 자기를 알아봐 주기 시작했음을 이야기하는 것일 뿐일 것이다. 실제로 바이런이 <차일드 해럴드의 순례>를 발표하기 전에도 꾸준히 시작詩作을 해왔고, 자신의 시를 발표했던 것처럼 말이다.

어느 날 갑자기 새 깃털을 단 옷을 입고 나와 이상한 노래를 부르며 해괴한 퍼포먼스까지 선보이던 싸이가 또 어느 날 갑자기 <강남스타일>이라는 노래를 부르며 말처럼 펄쩍펄쩍 뛰어다니더니 유명해졌다. 그것도 전 세계적으로.

어쩌면 지난 10년여 간에 걸친 싸이의 행보는 이렇게 요약될 수도 있겠다. 하지만 그의 이 '어느 날 갑자기'가 일어나기 오래 전, 그는 유년 시절부터 줄곧 음악에 심취해 있었다. 그래서 엄한 아버지에게 꾸중도 많이 듣고, 심지어 맞기도 했다고 한다. 그런데도 여전히 하라는 공부는 뒷전이고 '딴따라 음악'에만 정신을 파는 장남이 자칫하다가는 정말 딴따라가 될지도 모른다고 우려한 아버지에게 쫓기듯 미국 유학길에 올랐다. 하지만, 이번에는 아버지 몰래 학교를 옮겨 음악 프로듀싱을 공부하는 담대한 짓을 저지르기도 한다. 뒤늦게 이 사실을 안 아버지가 노발대발하여 학비며 생활비 송금을 일체 중단했지만 그는 이런저런 아르바이트를 전전하며 미국에서 다양한 장르의 대중문화를 경험한다. 그리고 자신이 경험한 다양한 문화를 기반으로 자신만의 음악을 만들어 한국 연예계의 문을 두드린다. 그런 다음에야 비로소 우리가 알고 있는 '어느 날 갑자기'의 일들이 하나 둘 일어난 것이다.

싸이의 아버지는 아들을 이대로 두었다가는 딴따라나 되고 말 것 같으니 미국유학을 보내자고 생각했을 것이다. 그러나 이 일은 싸이로 하여금 더 다양한 대중문화를 접할 수 있는 더 큰물로 나갈 기회가 되었고, 결과적으로 아버지의 계획은 수포로 돌아갔다.

비록 아버지의 계획은 물거품이 되어 버렸지만, 대한민국의 가수 싸이가 대중음악으로 전 세계를 뒤흔들 수 있었던 이유에는 두 가지 요인이 있다. 첫 번째는 가수 싸이가 자신의 기본 바탕을 이루고 있는 우리나라의 문화에 대한 지속적인 관심과 애정을 가지고 있었다는 점이다. 미국 유학 중 아버지가 학비와 생활비를 더이상 보내지 않자 그는 당시 우리나라 대중음악 중 히트할 만한 것을 선곡한 다음 불법(?) 옴니버스 음반으로 제작해 미국 체류 비용을 충당할 만큼 꽤 많은 수입을 올렸다고 할 정도로 이미 대중음악에 대한 심미안을 키우고 있었다.

그리고 또 하나는 그 관심과 애정만큼 미국을 포함한 세계 각국의 다양한 문화에 관심을 두어 이를 경험하고 흡수하는 데에도 게을리하지 않았던 점이다.

이 모든 내막을 알고도 싸이에게 '어느 날 갑자기 눈을 뜨니 유명해진 가수'라고 말할 수 있을까? 바이런을 어느 날 갑자기 유명하게 만든 시 <차일드 해럴드 해변의 시>도 사실은 바이런이 아주 오래전부터 동경했던 이집트와 터키 등지를 2년여 동안 여행을 하고 돌아와 쓴 여행 시였다. 싸이의 <강남스타일> 또한 엄격한 아버지의 반대와 협박에도 불구하고 변함이 없었던 대중음악과 그 문화에 대한 그의 관심과 애정이 만들어낸 결과물이 아닐까?

꼭 문화예술 분야에 종사하는 사람이 아니라 하더라도 자국 문화에 대한 해박한 지식, 그리고 다른 나라 문화에 대한 폭넓은 관심과 그에 대한 열린 마음은 성공을 디자인하는 데에 꼭 필요한 습관이다. 그 이유는 단 하나, 지금 우리는 어마어마한 양의 정보와 더불어 범람하는 다양한 문화의 소용돌이 안에서 살아가고 있기 때문! 21세기는 바야흐로 정보의 시대이자 문화의 시대이기 때문이다.

글로벌 에티켓 그 이상의 문화를 몸에 배도록 하라

그동안 나는 세계무대로의 진출을 꿈꾸는 후배들을 위한 몇 권의 책을 내면서 항상 세계 각국의 에티켓 즉 문화적 습관에 익숙해지라고 당부해왔다. 실제로 분야를 막론하고 세계화가 진행됨에 따라 국제 매너의 중요성이 새삼 부각되고 있기도 하거니와 동서양의 문화적 차이에 대한 이해조차 부족한 채 유학길에 올랐던 나로서는 차마 웃지도 못할 실수담이 한두 가지가 아니었기 때문이다.

일반적으로 저녁 식사 시간이 늦은 프랑스 사람들의 문화를 몰라 오후 8시까지 집으로 오라는 말에 저녁 식사를 하고 가야 할지 말아야 할지 고민했던 일이나 식사 초대에는 초대받은 시간보다 15분쯤 늦게 가는 것이 예의인 줄 모르고 정시에 도착해 초대한 사람도 당황하고 나도 당황했던 일 정도는 애교에 불과하다. 지금이야 해외 체류 경험이 전혀 없는 사람들도 웬만한 식사 매너나 옷차림 매너 정도는 아는 상황이지만 1970년대에는 매너 좀 안다는 외교관들도 정찬 마지막 코스에서 핑거볼이 나오면 서양 숭늉은 레몬을 띄운 물이로구나 하며 벌컥벌컥 마시던 때였으니 유학생에 불과했던 나는 오죽했겠는가.

내 집 안방에서도 전 세계를 경험할 수 있는 정보화기술 덕분에 우리나라뿐만 아니라 범세계적으로 국제 매너에 대한 상식 수준이 높아진 만큼 요즘은 이럴 땐 이렇게 해야 한다 혹은 ○○○할 땐 절대로 ○○○해서는 안 된다는 식의 이른바 매너 수칙을 아는 것만으로는 부족하다. 때론 오히려 그런 일률적인 매너는 무시되기도 한다.

서양 인사법인 악수를 예로 들어보자. 악수란 원래 손윗사람이 청하더라도 다소 건방지게 한 손으로 응하는 것이 일반적인 매너다. 하지만 장유유서의 미덕을 아는 우리나라 사람들로서는 손윗사람의 악수에 한 손을 내미는 것이 영 편하지가 않다. 그래서 국제 매너에는 어긋나지만 두 손으로 공손히 응하기도 한다. 악수는 청할 때도 건방지게, 응할 때도 건방지게 하는 것이 진짜 예의라는 것을 모르는 바는 아니지만 한번 몸에 밴 습관은 쉽사리 버려지지 않는 법. 외국 사람들과 악수할 때도 무심코 두 손을 내미는 실수를 한 사람은 부지기수일 것이다.

그런데 얼마 전부터 우리나라 사람이 악수를 청할 때 서양 사람들 중에서도 두 손으로 공손히 악수에 응하는 사람들이 생겼다. 실제로 얼마 전 박근혜 대통령을 만난 구글Google 최고 경영자 래리 페이지Larry Page-그는 1973년생으로 40대 초반이다-가 박 대통령의 손을 두 손으로 공손하게 잡고 악수를 하는 모습이 포착되어 큰 화제가 되기도 했다. 우리에게는 '악수는 한 손으로'가 숙지해야 할 국제 매너였듯 '한국 사람이라면 두 손의 공손함'이 그들에게는 한국의 장유유서 문화에 대한 이해를 바탕으로 한 국제 매너였던 것이다.

문화의 힘, 그 강력함

문화의 힘은 우리가 생각하는 이상으로 강력하다. 그래서 한 나라 또는 한 민족을 장악하기 위해서는 일단 그들의 문화를 먼저 장악해야만 하는 것이다. 과거 일본이 우리를 식민지로 삼고 뼛속까지 황국신민으로 거듭나도록 하기 위해 고유한 말과 글을 빼앗고, 창씨개명과 단발령 등을 통해 우리 문화를 송두리째 뽑아 말살하려는 정책을 펼쳤던 것처럼.

우리말과 글을 배울 수 없도록 제도적으로 차단하고, 정체성의 상징인 이름을 바꾸어 부르도록 하며, 부모로부터 받은 신체는 머리카락 한 올마저 소중히 하는 우리의 뿌리 깊은 문화를 상투와 함께 싹둑 잘라버린 일본 제국주의도 궁극적으로는 우리의 문화를 말살하지 못했다. 반만년 역사와 함께 차곡차곡 쌓인 문화를 그 뿌리째 없애버리기에는 35년이 너무 짧았던 것일까?

이토록 강력한 문화의 힘, 그 영향력을 실감할 수 있는 사건이 2011년 일어났다.

벨기에의 퀸엘리자베스 콩쿠르, 폴란드의 쇼팽 콩쿠르와 함께 세계 3대 콩쿠르 중 하나인 러시아 차이코프스키 콩쿠르. 2011년 차이코프스키 콩쿠르는 한 마디로 한국 음악가를 위한 무대였다. 남녀 성악 부분 1위에 각각 박종민과 서선영 씨, 피아노 부분에 손열음과 조성진 씨가 각각 2와 3위에, 그리고 바이올린 부문에서 이지혜 씨가 3위에 입상해 한국 음악가 다섯 명이 한꺼번에 수상하는 쾌거를 올렸다.

그러나 그 해의 차이코프스키 콩쿠르가 한국 음악가를 위한 무대였던 데에는 또 하나의 이유가 있었다. 1958년 창설된 이래 '만 18세 이상'이어야만 참가가 가능했던 대회 규정이 한국의 한 고교생을 위해 2011년 대회부터 바뀌었기 때문이다. 그 주인공이 바로 이 대회에서 가장 어린 나이로 3위에 입상한 피아니스트 조성진이다. 그로 인해 참가 가능한 나이에 대한 대회 규정이 바뀌었으니 콩쿠르 역사상 최연소 입상은 너무나 당연한 것이었다.

차이코프스키 콩쿠르 대회 위원장이기도 했던 러시아의 명 지휘자 발레리 게르기예프Valery Gergiev는 우연한 기회에 조성진 군의 연주를 듣게 되었고, 어린 소년의 실력에 깜짝 놀라 곧 열릴 차이코프스키 콩쿠르에 참석할 것을 권했다. 하지만 당시 조성진 군의 나이는 만 16세로 콩쿠르에 참가할 자격이 되지 않았다. 발레리 게르기예프는 중요한 것은 음악이지 나이가 아니라며 그 자리에서 대회 위원회에 전화를 걸었고, 대회 위원회는 규정을 바꿔 조성진 군이 콩쿠르에 참가할 수 있도록 해주었다. 그 결과 3위 입상. 마에스트로 정명훈이 1974년 만 21세 나이로 2위에 입상했던 것을 감안한다면 피아니스트 조성진의 미래가 어떻게 펼쳐질지 감히 상상도 되지 않는다.

발레리 게르기예프는 중요한 것은 음악이지 나이나 규정이 아니라고 자신 있게 말했다지만 규정이라는 것이 그렇게 누구 한 사람의 말 한마디에 쉽사리 바뀔 수 있는 것은 아니다. 그러니 그런 규정조차 무의미한 것으로 만들었을 만큼 조성진 군의 피아노 연주가 지닌 가치가 뛰어나다는 것을 이 사건은 말해주고 있는 것이다.

이렇듯 통역이 없어도 전 세계에서 가장 강력한 파워로 통하는 문화를 습관으로 몸에 배도록 한다는 것은 말처럼 간단한 일이 아닐 것이다. 더욱이 문화와는 전혀 무관한 분야에 종사하는 사람이라든가, 평소 자신이 문화와는 조금 거리가 있다고 여기는 사람이라면 다소 막연하다는 느낌을 줄 수도 있을 것이다.

그렇다면 이렇게 바꾸어 말해볼까? 내가 지금까지 만난 수많은 글로벌 리더의 공통점 중 하나는 문화에 대한 관심과 사랑이 남다르다는 것이었다고 말이다.

통역사로서는 전례 없는 개인적 만남 기회까지 주었던 프랑스 전 대통령 프랑수아 미테랑François Mitterrand. 그는 1993년 유럽 연합 발족을 성사시킨 인물로 나와는 각별한 인연이 있는 사람이다. 미테랑 대통령을 공식적으로 통역한 것만도 네 번이나 되지만 지금까지 가장 통역이 어려웠던 연사가 누구냐고 물으면 나는 항상 그를 제일 먼저 꼽는다. 세계 문화와 역사 전반에 걸친 광범

위하면서도 해박한 그의 지식은 아무리 노련하고 문화적 소양이 뛰어난 통역사라 하더라도 소화하기 힘든 수준이다.

과연 그는 문화 대통령이다. 미테랑 대통령의 통역을 맡으면 이를 염두에 두고 항상 만반의 준비를 다하지만 나 역시 매번 등줄기에 식은땀이 흐르는 순간을 경험하고 만다.

국내 기업인 중에는 만년 꼴찌 카드회사를 문화 마케팅으로 국내 2위 카드회사로 등극시킨 정태영 현대카드 사장의 예를 들 수 있다. 정태영 사장은 자신의 문화적 안목을 기업 경영에 접목해 크게 성공하게 한 기업인으로 대학에서 프랑스 문학을 전공한 문화 애호가이다. 그는 고등학교 때 프랑스 시와 유화에 푹 빠져 성적이 떨어졌을 정도로 어려서부터 문화에 대한 관심이 남달랐다. 비록 문화적 안목을 높이느라 한때 성적은 떨어졌을망정 그런 그이기에 이제 우리는 문화 마케팅이라고 하면 현대카드를, 그리고 정태영 사장을 거론하게 되는 것이다.

문화에 대한 남다른 애정을 말하자면 아모레퍼시픽그룹의 서경배 회장도 빼놓을 수 없다. 그는 태평양화학공업사아모레퍼시픽그룹의 모태 창업주인 고故 서성환 회장의 차남으로 한국 문화의 정수精髓인 고려 청자와 조선 백자의 미학美學을 자사 제품에 녹여 전 세계에 알린 일등공신이다.

아모레퍼시픽그룹은 한국 최초의 화장품 회사로 1964년 우리나라 최초로 화장품을 해외에 수출한 명실상부한 대한민국 대표

기업이다. 특히 지난 2007년부터 우리 전통문화의 현대적 재해석을 통해 문화 소통의 새로운 가능성을 제시하고 있는 <설화문화전雪花文化展>은 상당히 진보적인 기업 메세나 활동으로 평가받고 있다. 이제 아모레퍼시픽그룹은 자사 제품뿐만 아니라 한국 문화까지 세계에 수출하는 한국 미美의 전령사가 되고 있다.

최고의 한국 그릇, 최고의 한국 음식, 최고의 한국 술로 세계 속의 한국 문화를 심는 데 앞장서고 있는 조태권 광주요 그룹 회장 또한 문화에 대한 애정과 관심에서 둘째가라면 서러운 사람이다.

소문난 얼리어답터이자 트위터 하는 회장님으로 유명한 박용만 두산그룹 회장. 세대를 넘나드는 문화에 대한 특별한 관심으로도 정평이 난 박용만 회장은 클래식 콘서트는 물론 락 콘서트까지 다양한 콘서트를 섭렵한다. 특히 락 콘서트는 반드시 젊은 사람들과 어울릴 수 있는 일반석 특히 스탠딩 좌석을 선호한다는 그는 얼마 전 아들 결혼식에서 자신이 직접 가사를 붙인 축가를 불러 하객들을 두 번 놀라게 했다. 우선 명동성당에서 조용히 치른 조촐한 결혼식-희생자가 300명이 넘는 세월호 침몰 사고로 전 국민이 슬픔에 빠진 당시 사회적 분위기를 고려하고 희생자들을 추모하는 차원이었다고는 하지만 재벌가의 결혼식이라고는 믿을 수 없을 만큼 작은 결혼식이었다-에 한 번 놀란 하객들은 직접 축가를 부르는 혼주의 모습에 다시 한 번 놀라고, 그 축가의 음율이 우리에게 너무나 친숙한 영화 <사운드 오브 뮤직> OST 중 하나라서 박장대소했다는 소문이다.

당신만의 문화를 창조할 수 있는 습관은 무엇입니까?

사실 습관에 가까운 문화 애호에 관해 이야기 하자 치면 이렇게 몇몇 사람만을 거론하는 것으로는 충분하지가 못하다. 내가 아는 거의 모든 글로벌 리더들은 하나같이 문화 애호가 거의 습관에 가깝다고 할 만한 사람들이기 때문이다. 아내와 두 아들 모두 조각가, 화가, 사진가로 활동하고 있는 영화배우 안성기도, 지휘자 그만두고 당장 셰프가 되어도 손색이 없는 음식 솜씨의 소유자 마에스트로 정명훈도 문화와는 떼려야 뗄 수 없는 사람들 아닌가.

그러고 보면 문화적 습관이란 어쩌면 이 책을 통해 내가 강조하고자 했던 열 개의 습관 중 문화를 제외한 나머지 아홉 가지 습관이 모두 다 적절한 조화를 이룰 때 비로소 시작될 수 있는 습관일지도 모른다.

그럼에도 불구하고 마지막으로 꼭 언급하고 싶은 사람이 한 명 더 있다.

편안함과 자연스러움의 대명사가 된 패션 아이템 니트웨어의 모태가 된 이탈리아 미소니 그룹의 회장 비토리오 미소니Vittorio Missoni가 그 주인공이다. 이른바 가업을 물려받아 오랜 세월 가족 경영 체제를 유지했던 그는 그 어떤 제품에도 미소니의 상표를 붙이지 않는 것으로 유명했다. 대신 누가 봐도 미소니 제품임을 한눈에 알아볼 수 있는 제품을 만들기 위해 노력했다. 미소니 만의 색깔이 있는 제품을 만든 것이다.

비토리오 미소니 회장은 '고객은 미소니의 제품뿐만이 아니라 미소니의 문화와 역사를 함께 사는 것'이라며 고객 마음에 영원히 남을 수 있는 미소니의 문화와 역사를 제품에 담기 위해 일생을 바쳤다. 미스터리한 미제 사건으로 남은 불의의 비행기 사고로 한날한시에 부부가 이 세상을 떠나던 그 날까지 말이다.

프랑스와 이탈리아에 갈 때마다 드는 마음이 있다. 일종의 부러움에 시샘과 질투가 섞인 매우 복잡한 감정이다. 미국처럼 아예 거의 모든 면에서 우월하고 강한 나라도 아니고, 그렇다고 중국처럼 인구가 많은 것도 아니며, 우리에게는 늘 부러움의 대상이었던 세계적 규모의 산유국도 아닌데다가 그 밖에도 이렇다 할 자연자원을 유난히 많이 보유한 나라도 아닌 프랑스와 이탈리아. 그들이 문화강국이라는 대접을 받으며 그로 인한 온갖 부가가치를 누린다는 점에서 은근히 배가 아플 때도 있다.

하지만 그들이 오늘날까지 문화강국으로서의 입지를 굳건히 하며 그 이미지를 발전시켜온 데에는 자신들만의 색과 문화를 발굴하고 고수하며 또한 발전시켜온 엄청난 노력의 뒷받침이 있었다는 것을 모르지 않기에 그 복잡한 감정은 이내 부끄러움과 자기반성으로 바뀌게 된다.

어쩌면 문화란 그다지 특별한 것이 아닐 수도 있다. 언제 어디서나 흔들리지 않는 나만의 가치와 철학, 주변 어떤 색과도 잘 어울리면서도 결코 흐릿해지지 않는 고유한 아우라aura를 풍길 수 있는 나만의 스타일, 그리고 다른 사람들의 그것과도 적절한 조화를 이룰 수 있는 것이라면 그 무엇도 다 문화가 될 수 있을 것이다. 그것도 그 누구라도 한눈에 알아볼 수 있고, 아무리 멀리 떨어져 있어도 고유의 색과 향기를 낼 수 있는 당신만의 아주 특별한 문화가 말이다.

"당신은 지금 당신만의 문화를 만들 수 있는 습관을 가지고 있습니까?"

Choi's Ritual 02

오감을 열고 새롭고 다양한 문화를 체험한다

문화에는 등급이 없다

문명은 등급이 있지만 문화에는 등급이 없다. 문명은 선진과 후진으로 나눌 수 있지만, 문화는 그럴 수가 없다는 것이다.

그럼에도 불구하고 사람들은 내심 문화에도 등급을 매긴다. 이른바 예술이라고 칭할 수 있는 것은 고급문화라고 생각하지만, 대중문화는 그보다 격이 떨어지는 문화라고 생각하는 것이다.

중국, 일본, 동남아시아 각국을 시작으로 이제 전 세계로 뻗어가고 있는 한류의 영향으로 대중문화에 대한 인식도 많이 달라졌다고는 하지만 여전히 우리 마음속에는 '다소 격이 떨어지는 대중문화'라는 인식이 남아 있다. 대중문화는 문화 이전에 상품이라는 생각을 한다. 그래서 대중문화에는 수출이라는 단어도 붙이는 것이다. 마치 자동차나 가전제품처럼 한국 드라마도 수출하고, 아이돌 그룹의 공연과 음반도 수출한다고 말한다.

2005년 영국의 팝스타 엘튼 존Elton John이 배병우 작가의 소나무 사진을 구입했을 때, 우리는 아무도 이것을 수출이라 말하지 않았다. 세계적인 발레리나 강수진이 역시 세계적인 발레단 독일 슈투트가르트Stuttgart의 프리마 발레리나로 파격적인 대우를 받게 되었을 때도 이를 감히 수출이라 여기지는 않았다.

2013년 나는 우리나라를 찾은 외국인 방문객들이 한국의 문화를 제대로 체험할 수 있게 하려고 5·4클럽을 만들었다. 5·4클럽은 시각, 청각, 후각, 미각, 촉각 등 다섯 가지 감각으로 볼거리, 먹을거리, 즐길 거리, 이야깃거리 네 가지, 즉 사거리를 즐길 수 있도록 한다는 의미로 국내외 문화 및 관광 전문가 40여 명이 함께 하는 민간 모임이다. 다양한 문화를 체험하기 위해서는 오감을 활짝 여는 것이 가장 중요하다는 평소 내 생각을 반영한 것이다.

그런데 이 오감을 활짝 열기 위해서 무엇보다 먼저 열어야 할 것이 바로 문화를 대하는 우리의 마음이다. 마음을 열고 대하면 대중문화와 예술문화는 등급이 아니라는 것을 알게 될 것이다. 마음을 열고 대하면 세계적 명성의 유럽 문화에 비해 우리 문화는 하찮고 남루하다는 생각도 틀렸다는 것을 알게 될 것이다. 또한, 우리 문화만 익숙하다는 생각에서 벗어나 다양한 문화를 거부감 없이 수용할 수 있게 될 것이다.

프랑스 유학 시절 나는 프랑스가 가진 어마어마한 문화유산에 대해 감탄하고 또 감탄했다. 과연 문화 예술의 나라 프랑스가 허명虛名은 아니었구나 하는 생각을 하면서 한편으로는 왠지 모를 주눅이 들기도 했다. 부럽기도 했고, 배가 아프기도 했다. 이렇다 할 자원이 없기는 우리나라와 크게 다르지 않은데 조상으로부터 물려받은 문화유산만으로 해마다 엄청난 관광 수입을 올린다는 프랑스가 얄밉기도 했다.

하지만 이내 프랑스가 그 문화유산을 그저 가지고만 있는 것이 아니라는 것을 알게 되었다. 프랑스가 문화 예술의 나라라는 명성을 얻게 된 것은 과거 화려한 유럽 문화를 태동시키고 꽃피운 조상의 덕분만은 아니라는 것을, 그 땅에 수많은 문화 유적이 남아 있기 때문만은 더더욱 아니라는 것을 알게 된 것이다.

프랑스인들의 문화사랑은 단연 세계 최고 수준이다. 그들은 삶과 문화 예술의 경계가 없는 사람들이다. 어려서부터 문화를 접하고 즐기고 발전시키는 것이 습관이 된 사람들이다. 그 결과로 나오는 것이 프랑스의 문화 정책이고, 관광 상품인 것이다.

아름다운 것을 싫어하는 사람이 어디 있을까마는 나는 유독 아름다운 것에 약하다. 프랑스어도 그 아름다운 음률에 매료되어 푹 빠지지 않았던가. 그래서 아름다운 그림도 좋아하고, 아름다운 시와 음악도 좋아한다. 그러나 애석하게도 신은 내가 그 아름다운 그림이나 시, 음악을 직접 창조할 수 있는 재능만큼은 허락하지 않으셨다. 그게 미안했던지 내 눈과 귀가 호사할 기회는 간혹 주는 것 같다.

기회가 주어지면 나는 만사를 제쳐놓고 그 호사를 누리기 위해 달려간다. 전시회나 공연장을 자주 찾는다. 요즘은 우리나라 아이돌 그룹의 공연장에도 자주 간다. 마음을 열지 않으면 시끄러운 소음일지 모르는 그들의 춤과 음악이, 그 강렬한 리듬과 비트가 마음을 여니 아름답게 다가온다. 열정적으로 피아노 건반을 두드리는 클래식 피아니스트와 마찬가지로 드럼을 치는, 전자 기타를 뜯는 그들의 열정과 예술혼이 고스란히 전해진다. 문화란 바로 그런 것이다.

소통하는 즐거움
Communication & Convivialité

진심이 오고 가는 자리, 직접 만나서 보고 느끼고 마음을 나누는
온전한 상호교류의 즐거움

정보는 메시지이지만, 소통은 관계입니다.
결국 여러 가지 관점들을 공존하게 하기 때문에
좀 더 복잡한 무엇이지요.
아니, 달리 말하면 소통에서
가장 단순한 것은 메시지와 기술이고,
가장 복잡한 건 사람들과 사회입니다.

도미니크 볼통Dominique Wolton

지금은 수천 명 앞에서도 떨지 않고 강연을 하는 나는 어려서부터 수줍음이 많은 아이였다. 앞에 나가 노래를 부르라고 하면 여러 사람들 앞에 서 있는 것이 부끄러워 울음을 터뜨릴 정도였다. 하지만 '말재주'만큼은 어느 정도 타고 났던 것 같다. 다만 너무 수줍어 웬만해서는 남의 앞에 나서는 일이 없었을 뿐이었다.

어디 가서도 빠지지 않는 외모를 자랑하던 형제자매들에 비해 키도 작고 덩치도 작고, 동글동글하니 그저 밉지 않게 생겼을 뿐 딱히 자랑할 만한 외모는 아니었던 아이. 하지만 말만큼은 참 예쁘고 재미있게 한다는 소릴 많이 듣고 자랐다. 중고등학교 다닐 때는 똑같은 얘기도 내가 하면 더 생동감이 넘친다며 내가 이야기를 시작하면 친구들이 금세 내 주변으로 몰려들곤 했다. 누군가 내 이야기에 귀를 기울여주고 또 즐겁게 들어주니 나는 더욱 신이 나 재잘재잘 이야기하기를 즐겼던 것 같다.

그런 내가 통역사가 되었을 때, 나를 아는 거의 모든 사람의 반응은 '내가 그럴 줄 알았다'는 것이었다. 그렇게 재미나게 말을 잘하더니만 결국 말로 먹고 사는 사람이 되었다면서 말이다.

지난 30여 년간 나는 세계 68개국을 다니며 2천 회에 가까운 국제회의 통역을 총괄했으며, 정상회담 통역만도 10여 차례 진행한 화려한 이력의 통역사로 살아왔다. 그러나 정작 내가 통역사라는 내 직업에 자부심을 느끼는 이유는 남들이 칭송하는 대단한 이력 때문은 아니었다.

나의 가장 큰 자부심은 우선 나는 내가 정말 좋아하는 일을 즐겁게 할 수 있었다는 것이었다.

사람들 중에는 '좋아하는 일 따로 잘 하는 일 따로'인 사람들도 많다. '하고 싶은 일 따로 할 수 있는 일 따로'인 사람은 또 얼마나 많은가. 그래서 결국 좋아하는 일, 하고 싶은 일, 잘하는 일 대신 그저 할 수 있는 일, 주어진 일을 하며 살아가게 된다. 그나마 할 수 있는 일조차 할 기회가 주어지지 않는 사람들-특히 청년 실업자-도 많다는 사실에 자신을 스스로 위안하며 말이다.

그런데 나는 좋아하는 일을 잘할 수 있었고, 그 좋아하고 잘할 수 있는 일로 인정까지 받았으니 이보다 행복한 일은 또 없을 것이다. 그래서 늘 감사하는 마음이다. 게다가 지금은 통역사로서의 그 다양했던 경험을 자산으로 대한민국의 이미지를 통해 전 세계와 소통하는 의미 있는 일까지 할 수 있으니 더 바랄 것이 없다. 이제 나에게 남은 소명은 나의 경험과 지식을 더 많은 후배들에게 나누어주는 것과 한국의 문화가 보다 많은 국가의 보다 많은 사람들과 소통할 수 있도록 더 넓고 다양한 장을 만드는 것뿐이다.

통역사라는 내 직업에 대해 갖는 또 하나의 자부심은 이른바 성공한 많은 사람들, 자신의 인생을 멋지게 디자인한 훌륭한 사람들을 직접 만날 수 있는 기회가 다른 사람들보다 훨씬 더 많았다는 것이다. 내가 통역사가 되지 않았더라면 도대체 어디서 이런 사람들을 만난단 말인가. 그 귀한 만남의 인연이 지금까지도 내게 직간접적인 영향과 도움을 주고 있음에 나는 다시 한 번 감사한다.

물론 사회적 명성을 얻었다고 해서 다 훌륭한 사람은 아닐 것이다. 하지만 그들이 오늘의 명성을 얻기까지 분명 남다른 점, 뛰어난 점이 있었던 것만큼은 사실이다. 통역사는 그들의 바로 이 부분을 가장 가까이에서 보고 발견할 수 있는 직업이다. 바로 그런 점에서 통역사만큼 좋은 직업도 없을 것이라고 나는 생각한다.

외국어의 본질은 유창함이 아니라 소통이다

재미있는 사실 하나는 통역사는 늘 자신의 외국어 실력을 평가받는 직업이기도 하지만 본의 아니게 유명 인사들의 외국어 실력을 엿보게 되는 직업이기도 하다는 것이다. 반드시 통역사를 거쳐 소통하는 국제회의와 달리 파티나 만찬 등 리셉션에서는 통역사가 동석하더라도 직접 소통을 하는 경우가 많은데, 이때 적어도 어느 한쪽은 반드시 외국어를 쓰게 되기 때문이다. 물론 대부분은 영어를 사용하기 때문에 양쪽 모두에게 외국어인 경우도 많다. 그리고 그들 중에는 통역사가 따로 필요하지 않을 정도로 유창한 외국어 실력을 지닌 사람들도 꽤 많다.

그런데 참으로 이상한 것이 외국어가 유창하다고 해서 반드시 소통을 잘하는 것은 아니라는 점이다. 문법적으로 매우 정확한 외국어를 구사할 줄 아는 사람, 고급 단어와 표현을 많이 알고 있는 사람, 발음과 억양이 원어민에 준하게 자연스러운 사람, 심지어는 이 모든 면에서 두루두루 실력을 갖춘 사람도 있지만 사실 이 모든 것을 능가하는 외국어 소통 노하우는 따로 있다. 그것은 바로 진심이다.

앞서 가수 싸이의 영어 실력을 잠깐 언급한 바 있다. 물론 그는 미국에서 유학한 경험이 있어 해외 체류 경험이 전혀 없는 사람들에 비해 훨씬 수월하게 영어로 소통할 수 있었을 것이다. 그러나 그가 영어로 인터뷰하는 것을 가만히 들어보면 그다지 어려운 영어를 사용하지 않는다는 것을 알 수 있다. 그는 쉽고 친숙한 어휘, 간결하면서도 분명한 표현을 통해 자신의 메시지를 보다 분명하게 전달한다. 고급 단어나 어려운 표현을 많이 사용하지는 않지만 그렇다고 해서 그의 영어가 저급하다고 느껴지지는 않는다.

왜냐하면, 그는 외국인으로서 외국어인 영어를 사용해 소통하고 있는 것이기 때문이다. 모든 원어민들은 자국어로 외국인과 소통할 때, 상대가 외국인임을, 그리고 상대가 사용하고 있는 언어가 외국어임을 충분히 고려해준다. 우리가 다소 어눌한 한국어를 사용하는 외국인에게 그러하듯이. 이는 진정한 소통을 위한 기본적인 배려이기도 하다.

외국어 실력이란 사실 진심을 전하고, 진심을 읽어내기 위한 도구에 불과한 것일 뿐, 그 자체가 진심을 대신할 수는 없다. 그래서 원어민처럼 말하는 것이 중요한 것이 아니라 상대방과 공감하고자 하는 마음, 진심이 더 중요한 것이다.

이는 비단 외국어로 소통하는 경우에만 해당하는 것이 아닐 것이다. 모든 소통의 본질은 원래 어떻게든 내 진심을 전달하고자 하는 마음, 그리고 어떻게든 상대의 진심을 알아차리고자 하는 마음이 아니던가.

진심을 읽기 위한 첫 걸음,
에어 리딩하라!

나의 진심은 내가 상대의 진심을 알아줄 때 전달된다.

지난 30여 년 동안 소통의 현장에서 내가 몸소 터득한 진리다. 그래서 말은 '잘하는 것'보다 '잘 듣는 것'이 훨씬 더 중요하다.

정말 잘 듣는 사람이라면 상대의 말뿐만이 아니라 그 속에 담긴 진심까지도 읽어낼 수 있어야 한다. 그렇다고 해서 상대가 드러내지 않은 의중을 무턱대고 넘겨짚으라는 뜻은 절대 아니다. 다만 상대의 말에 담긴 참뜻을 읽어내야 한다는 의미다.

상대의 말 속에 담긴 진심을 읽어내자면 단어와 단어의 조합으로 이루어진 문장을 이해하는 것만으로는 부족하다. 말을 할 때의 목소리와 억양은 물론이려니와 눈빛이나 표정, 손짓이나 행동까지도 동시에 읽어낼 때 비로소 우리는 진심에 가깝게 다가갈 수 있는 것이다.

이를 두고 나는 대화가 이루어지는 순간의 공기를 읽어내는 것, 즉 에어 리딩air reading이라고 말한다. 소통의 화룡점정은 바로 이 에어 리딩이다. 간혹 외국어 실력은 누구보다 뛰어난데 현장에서 예기치 못한 실수를 하곤 하는 통역사들을 보게 된다. 이들은 대부분 에어 리딩 능력이 현저하게 떨어지는 경우이다.

사실 에어 리딩이라는 게 별건 아니니다. 쉽게 말해 분위기 파악이다. 그러니까 분위기 파악도 결국은 소통 능력 중 하나인 것이다. 게다가 에어 리딩이 특별히 어려운 일도 아니니다. 오감을 열고 상대에게 집중할 때 에어 리딩은 거의 저절로 이루어지기 때문이다.

그런데 요즘 우리는 이 에어 리딩을 원천적으로 차단한 소통의 홍수 속에서 살아가고 있다. 소셜 네트워크 서비스의 약칭인 SNS가 바로 그 대표적 예라 하겠다.

1969년 아르파넷ARPANET이라는 이름으로 시작된 인터넷은 1990년대 이후 월드 와이드 웹world wide web의 등장으로 폭발적 성장의 성장을 거듭하며 지금과 같이 전 세계를 하나의 소통 망으로 연결하는 데에 지대한 공헌을 했다. 2012년 기준 전 세계 인구의 삼 분의 일에 해당하는 27억 명이 인터넷 사용자로 추산된다고 하니 지금 이 순간 27억 명 인구가 인터넷을 통해 소통하고 있는 셈이다.

통신 수단의 발달로 소통의 범위가 확대됨에 따라 소통은 누구에게나 중요한 일이 되었다. 이제 소통 없이는 아주 기본적인 일상생활조차 영위할 수 없는 시대가 되었다.

사실 인류 역사상 소통이 중요하지 않았던 때는 없었다. 그래서 인류는 지금껏 언어와 문자를 개발하고, 예술적 행위를 하는 등 소통을 위한 다양한 수단과 도구를 만들지 않았던가.

그러나 아이러니하게도 소통의 수단과 도구가 늘어나고, 그 중요성이 강조되고 있는 만큼이나 모든 사회적 문제의 본질적 원인으로 소통의 부재가 거론되는 경우가 많아진 것도 사실이다. 그리고 세계 최고의 초고속 인터넷 보급률을 자랑하는 우리나라야말로 소통의 부재로 인한 갖가지 사회 문제를 안고 있다. 왜 그럴까?

이와 관련해 소통학의 창시자이자 프랑스 국립 과학연구센터 산하 소통과학연구소 소장인 도미니크 볼통Dominique Wolton은 의외의 해결책을 제시한 바 있다.

> "진정한 소통은 컴퓨터를 끄고 직접 만나 대화를 할 때 시작된다."

27억 명이 소통 가능한 인터넷 세상에서 인터랙티브한 고독에 사로잡힌 현대인의 모순

도미니크 볼통은 파리정치대학Institut d'Etudes Politiques de Paris 출신의 사회학자로 우리나라에서는 <불통의 시대 소통을 읽다>라는 저서로 널리 알려졌던 사람이다.

그는 인간은 사회적 동물이라는 점을 강조했다. 따라서 인간에게 있어 진정한 소통이란 직접 만나서 보고, 만지면서 말을 하는 것이라고 했다. 따라서 모니터를 들여다보며 혹은 전화기에 대고 하는 소통은 '빈약한 소통'일 뿐이라고 그는 단언한다.

도미니크 볼통이 CICI의 가장 큰 행사인 CCF, 문화소통포럼Culture Communication Forum에 프랑스 대표로 참석했을 때 국내 모 일간지와의 인터뷰에서 그가 한 말의 요지였다.

CCF는 세계 각국의 해외 문화소통계 리더들을 초대해 한국문화의 정수를 체험하게 하고 자국의 문화와 견주어 논하는 행사다.

도미니크 볼통은 현대인들이 소통에서 가장 주의해야 할 것으로 '인터랙티브한 고독interaction of isolation'을 거론하기도 했다. 인터랙티브한 고독이란 수많은 사람들이 인터넷을 이용하고, 트위터와 페이스북 등 SNS를 하면서 수많은 타자他者와 실시간 상호교류interaction하고 있다고 느끼지만 실제로는 컴퓨터나 스마트폰의 모니터를 바라보며 혼자 고립isolation되어 있는 상황을 의미한다.

실제로 지금 세상은 수십, 수백 명 심지어는 수천, 수만 명의 '트친트위터 친구', '페친페이스북 친구'들이 오늘 점심때 무엇을 먹었는지, 지난 주말 어느 극장에서 누구와 무슨 영화를 보았는지, 어떤 스타일의 신상 옷을 사고, 또 무슨 브랜드의 화장품을 사서 바르는지를 가벼운 터치 한 번으로 훤히 들여다볼 수 있을 정도로 인터랙티브하다.

그러나 이것이 진정한 의미의 인터랙션인지 소통학의 창시자 도미니크 볼통이 우리에게 질문을 던졌다. 그리고 진정한 소통을 원한다면 지금 당장 컴퓨터를 끄고 직접 만나 대화할 것을, 대면對面할 것을 다시 한 번 당부했다.

즐겁고 따뜻한 소통의 의미를 담은 프랑스어 콩비비알리떼

프랑스어 중에 '콩비비알리떼convivialité'라는 단어가 있다. 라틴어 콘비비움convivium에서 유래한 말로 '함께 하는 식사'라는 뜻과 함께 '함께 하는 즐거움同樂', '식탁에 마주 앉아 식사하며 나누는 훈훈한 대화'라는 의미를 포함한다.

지난 30여 년 간 외국어 소통의 전문가로서 살아온 나에게 '콩비비알리떼'라는 단어는 최고이자 최상의 소통, 소통 그 이상의 소통을 의미한다. 대화 중에 '콩비비알리떼'라는 단어가 나오는 순간, 모든 경계를 풀고 민낯의 진심을 드러내고자 한다는 호의와 친밀감, 그리고 즐거움이 느껴지기 때문이다.

그러나 인터넷의 눈부신 발달은 우리에게 '콩비비알리떼'의 중요성을 점점 잊어버리도록 하고 말았다. 손쉬운 클릭 한 번, 가벼운 터치 한 번에 타자의 삶과 생각을 엿보는 것만으로도 충분한 상호교류를 하고 있다는 착각을 하도록 하니 말이다. 이것이 바로 도미니크 볼통이 우려한 '인터랙티브한 고독'이다. 그리고 나는 '콩비비알리떼'야말로 '인터랙티브한 고독'의 반대말로 가장 적합한 단어라고 생각한다.

소통은 기본적으로 양방향two way일 때 목적한 바를 달성할 수 있게 된다. 그리고 인터넷의 발달은 이전까지 거의 일대일一對一로 이루어지던 양방향 소통two way Communication을 일대다一對多 혹은 다대일多對一, 다대다多對多 방사형 양방향 소통으로 진화시킬 것이라 우리는 기대했었다. 하지만 그 처음 기대와 달리 우리는 새삼 일방향 소통을 하고 있다. 다만 그 범위가 방사형으로 확장되었을 뿐. 소통의 범위가 넓어졌다고 해서 소통의 질까지 높아진 것은 아니었던 것이다.

결국 수십 만 팔로워를 향해 '나 지금 외롭다'라는 트윗을 날리게 되는 '인터랙티브한 고독'이라는 모순 속에서 우리는 현재 살아가고 있는 것이다.

더욱 심각한 문제는 이 인터랙티브한 고독을 누구나 쉽게 알아차리지 못한다는 데에 있다. 대면이 사라진 빈약한 소통이 우리 모두를 점차 고립시키고, 그 익숙한 고립감이 결국 이 엄청난 소통의 시대에 더욱 견고한 불통不通의 벽을 만들어가고 있다는 사실을 말이다.

지금 당장 대면하라!
'언제 한번'과 '다음에 한번'은 영원히 오지 않는다

지금 당장 스마트 폰을 꺼내 자신이 가입한 모바일 메신저 앱을 실행해보자. 이를테면 카카오톡 같은. 그리고 마지막 대화가 무엇이었는지 한번 살펴보자. 아마도 놀라운 사실을 하나 발견하게 될 것이다. 그것은 상당히 많은 수의 대화가 '언제 한번 보자'로 마무리되고 있다는 것!

실제로 '언제 한번 보자'의 참뜻은 '이제 바쁘니 이 대화를 끝내자'는 의미라는 우스갯소리를 들은 적이 있다. 물론 상대에게 무안을 주지 않고 완곡하게 표현해 대화를 마무리할 수 있는 이런 기술 하나쯤은 반드시 필요하다. 그러나 정작 내가 궁금한 것은 '언제 한번 보자'는 말의 참뜻이 아니라 그 언제가 도대체 언제냐는 것이다. 애석하게도 '언제 한번 보자'의 '언제'는 영원히 오지 않는 시간, 존재하지 않는 시간이다. '다음에 한번 보자'고 할 때 '다음'도 마찬가지이다.

간혹 우리는 주변에서 SNS 등 온라인상에서는 엄청난 인맥을 자랑하면서 그 인맥이 오프라인으로까지는 이어지지 못하는 사람들을 보게 된다. 이메일이나 문자 메시지로는 사뭇 곰살맞게 안부도 전하지만 정작 대면을 할 기회는 좀처럼 만들지 않거나 기회가 와도 피하는 사람들도 있다. 그들에게도 충분한 변명거리는 있다. 유독 낯가림이 심해서, 혹은 바빠서.

그러나 조금 야박하게 들릴는지도 모르지만 성공한 사람은 낯가림이 없다. 아니 설령 태생적으로는 낯가림이 심한 사람이라 할지라도 어떻게든 그것을 극복하고야 만다. 그리고 바쁘다는 말을 그렇게 입에 달고 살지 않는다. 적어도 바쁘다는 이유로 누군가를 만나는 일을 피하거나 미루지는 않는다. 그들은 모두 상당히 많은 사람을 직접 만난다. 그러느라 더욱 바쁠 수밖에 없지만 이들에게 '대면'은 매우 중요한 일 중 하나다.

지금까지 살아오면서 개인적으로 매우 영광스러운 일이 몇 번 있었다.

그 중 하나는 자크 시라크Jacques Chirac 프랑스 전 대통령이 2000년 우리나라에서 열린 아시아-유럽정상회의Asia-Europe Meeting : ASEM에 참석하기 위해 방한했을 때의 일이다. 서울에서의 사흘간 일정을 마치고 다음 행선지인 중국으로 떠나던 날 아침, 그는 자신의 전용기로 함께 중국에 가지 않겠냐고 제의했다. 지난 사흘 동안 자신을 위해 애써준 통역사에 대한 감사의 표현이었으리라.

그러나 나는 어리석게도 다음 날 있을 학교 강의를 걱정하느라 두 번 다시 오지 않을 영광스러운 제안을 단칼에 거절하고 말았다. 통역사로서 가장 영광스러운 순간인 동시에 웬만해서는 후회를 하지 않는 나로서도 매우 후회스러웠던 순간이 아닐 수 없다.

또 한 번의 영광스러운 일 역시 프랑스 전 대통령인 프랑수아 미테랑과 관련된 일이었다.

나는 프랑수아 미테랑 전 대통령을 총 다섯 차례 만났다. 그 중 네 번은 그의 공식 통역사로서 만났지만 나머지 한 번은 지극히 개인적인 만남이었다.

1993년 서울에서 열린 제3차 한불 정상회담을 마치고 본국으로 돌아가면서 그는 나에게 다음에 다시 만나게 되면 정말 반가울 것이라며 파리에 오면 꼭 연락을 하라고 했다. 우리가 가장 쉽게 하는 약속, '다음에', '언제 한번' 다시 보자는 약속을 프랑스 대통령과 하게 된 것이다.

다음 해 2월 나는 런던 출장길에 파리를 잠시 들렀다. 그리고 오랜만에 유학 시절 은사이자 프랑스 외무성 통역실장을 역임한 티에리 박사를 만나게 되었다. 그와 이런저런 이야기를 나누던 중 나는 지나가는 말로 미테랑 대통령이 나에게 파리에 오면 연락하라더라는 이야기를 했다. 그러자 티에리 박사는 깜짝 놀라며 대통령이 통역사에게 그런 말을 한 전례가 없었다고 했다.

다음 날 나는 런던으로 떠났고, 귀국 길에 다시 들른 파리에서 뜻밖에도 티에리 박사의 연락을 받게 되었다. 미테랑 대통령이 정말 나를 만나고 싶어 한다는 것이었다.

세상에 이런 일이! 프랑스 대통령이 일개 통역사인 나를 개인적으로 만나겠다고 연락을 해오다니!

나는 엘리제궁에서 미테랑 대통령과 한 시간 가까이 만남을 가졌다. 그는 한국의 상황에 대해 이것저것 묻더니 이번에 파리에 와서는 어떤 경험을 했느냐고 물었다. 나는 당시 일부 개축한 루브르궁과 국립도서관을 방문했던 것을 이야기했고, 이와 관련해 미테랑 대통령은 시공을 넘나들며 프랑스 역사와 문화에 대한 이야기를 한참 동안 이어갔다. 나는 지금껏 미테랑 대통령만큼 인문학적으로 해박한 정치인을 본 적이 없다.

나중에야 알게 된 일이지만 그날 미테랑 대통령은 통역사인 나를 만나기 위해 프랑스 학계 및 문화계 인사들과의 공식 일정까지 조정했다고 한다.

나는 미테랑 대통령과의 만남을 통해 시간은 나는 것이 아니라 내는 것이라던 말의 의미를 새삼 생각하게 되었다. 그는 통역사에 불과한 한 외국인과의 만남을 위해 이미 정해진 선약을 조정하는 번거로움을 마다하지 않았다. 그렇다고 해서 나와의 만남이 프랑스 국익에 일조하는 것도 아니었을 것이고, 나에게 한국의 여러 가지 상황에 대해 물어 들은 것이 한국 정세를 읽는 데에 큰 도움을 준 것도 아니었을 것이다. 물론 애초부터 그런 기대를 했을 리도 만무하다.

그렇다면 그는 왜 굳이 나를 만나려고 했을까? 그로부터 꼭 2년 후 프랑수아 미테랑 프랑스 전 대통령은 세상을 떠났고, 이제는 그 이유를 직접 물어볼 기회조차 영영 사라져버리고 말았다. 다만 추측해 보건대 우선 한불 정상회담에서 프랑스 정상인 자신을 위해 최선을 다해준 한국인 통역사에 대한 만족과 고마움을 표현하는 그만의 소통 방식이었을 것이라는 생각이 든다. 내가 아는 범위 내에서 미테랑 대통령은 상대의 호의에 대해 진심으로 감사할 줄 아는 사람이기 때문이다.

그리고 그 마음의 표현이 그저 의례적인 인사치레에 그치는 것이 아닌 그의 진심이라는 것에 대해 나는 한 치의 의심도 하지 않는다. 왜냐하면, 프랑스 대통령인 그가 대한민국 국민인 한 사람의 통역사를 개인적으로 만나기 위해 여러 가지 수고와 번거로움을 감수하고 기꺼이 시간을 내주었기 때문이다.

미테랑 대통령은 헬기를 타고 이동하는 20여 분의 자투리 시간에도 책을 읽는 독서광으로 유명했다. 그리고 그 엄청난 독서량만큼이나 다양한 분야의 해박한 지식을 갖춘 것으로도 정평이 나 있다. 특히 동서양을 아우르는 문화에 대한 관심과 지식은 문화의 나라 프랑스 대통령으로서 손색이 없었을 뿐만 아니라 세계 정상 중에서도 단연 최고 수준이었다.

그런 그였기에 중요한 선약을 미루면서까지 한국에서 온 통역사와의 만남의 자리를 마련할 생각을 했을 것이다. 그리고 그의 이러한 몸에 밴 습관이 그를 소통의 달인으로 만들었을 것이다.

프랑수아 미테랑 프랑스 전 대통령은 유럽 현대사가 기억하는 최고의 소통 달인이다. 모두가 알고 있다시피 그는 1993년 유럽 연합의 발족을 성사시킨 주역이기 때문이다.

친밀한 관계 속
진정한 소통의 한계치

지난 30여 년 내 삶의 가장 중요한 화두는 역시 소통이었다.

물론 나에게 있어 그 시작점은 외국어를 매개로 한 소통이었다. 그러나 외국어든 모국어든 소통의 본질은 동일하다는 것을 나는 지난 30년 동안 수없이 깨닫고 경험했다. 그 경험을 후배들에게 고스란히 물려주고자 나는 그간 소통을 주제로 한 책을 여러 권 내기도 했다.

그러는 사이 우리 사회에서도 소통의 중요성은 나날이 커졌다. 이제 모든 일의 성패를 좌우하는 키key는 소통이라 해도 과언이 아니다. 모든 성공한 삶의 키워드 또한 소통을 포함한다.

특히 다양한 문화가 한데 어우러져 또 하나의 새로운 문화를 만들어가는 이 글로벌 시대에는 소통 능력이야말로 가장 중요한 능력 중 하나이다. 그리고 그 소통 능력의 일환으로서 외국어 능력이 요구되고 있는 것이다.

이는 내가 외국어 공부에 심혈을 기울이고 있는 사람들, 외국어를 매개로 한 여러 소통 현장에서 일하고자 하는 사람들, 그리고 나와 같은 국제회의 통역사의 길을 걷고자 하는 후배들에게 늘 강조하고 있는 것이다.

그러나 진정한 소통의 달인은 어떤 목적에서가 아니라 소통을 그 자체로 즐거움으로 여기고 즐기는 사람이라고 나는 생각한다. 앞에서 말한 프랑수아 미테랑 프랑스 전 대통령처럼 말이다.

소통을 그 자체로 즐거움이라 생각하고 즐기는 사람에게 낯가림은 구차한 변명일 뿐이다. 바쁘다는 것 또한 한낱 핑계에 지나지 않는다. 그리고 성공한 모든 사람은 진정한 소통을 즐길 줄 아는 유쾌한 습관의 소유자라는 사실은 새삼스러울 것도 없다.

그런데 '인터랙티브한 고독'만큼이나 진정한 소통을 위협하는 요소가 또 하나 있다. 그것은 바로 범람하는 관계의 홍수이다. 이 또한 인터넷의 발달이 가져온 결과이기도 하다.

온갖 SNS에 존재하는 친구 찾기 및 친구 추천 기능이 때론 공포로 다가올 때도 있다. 내가 아는 친구를 넘어 '알 수도 있는' 친구(?)까지 찾아주는 과도한 엽렵獵獵함이 말이다. 정말 어느 산간 오지에 칩거를 하더라도 SNS만 이용하면 오바마 대통령과 친구 맺기가 가능한 시대가 아닌가.

그래서 '팔로워follower' 혹은 '트친' 또는 '페친'의 숫자가 사회성과 인간성 심지어 사회적 성공 여부를 반영한다고 생각하는 사람들도 적지 않다. 인맥이 또 하나의 재산으로 여겨지는 시대에 이는 어쩌면 당연한 것인지도 모르겠다. 그러나 인간관계의 폭이 넓은 사람일수록 그 관계는 본질적으로 피상적일 수밖에 없다고 수많은 인류학자의 연구 결과가 말하고 있다.

진정으로 사회적인 관계를 가질 수 있는 최대한의 개인적인 숫자는 150이다.

이는 영국의 인류학자 로빈 던바Robin Dunbar가 한 말이다. 그는 150이라는 숫자는 그들이 누구인지, 그들이 나와 어떤 관계인지 아는 사람의 숫자를 의미하며 이는 술집에서 우연히 마주치게 되었을 때 초대받지 않은 술자리에 느닷없이 동석해도 전혀 당혹스럽지 않을 만큼의 인간관계를 맺을 수 있는 최대한의 숫자라는 것이다. 그래서 이 150이라는 수를 일명 '던바의 수Dunbar's number'라고 한다.

이는 로빈 던바가 수많은 인류학 관련 문헌을 면밀히 조사한 결과라고 하는데 그 증거로서 대부분의 인간 집단이 약 150명으로 구성되어 있음을 제시하고 있다. 그 대표적 예로는 거의 모든 군대 또한 약 150명의 병사를 기본 단위로 편성하고 있음을 들었다.

그러나 지금 당장 휴대전화기 주소록만 펼쳐 봐도 로빈 던바의 조사 결과가 사실임을 누구나 알 수 있을 것이다. 주소록에 저장된 연락처의 수는 일반 성인 기준 통상 200~300개 이상일 것이다. 그중 관계 맺기 차원이 아닌 단순 정보로서의 연락처를 제외하더라도 최소한 150개 이상 200여 개의 연락처가 남을 것이다. 그러나 이 중에는 나와의 관계를 기억해낼 수 없는 연락처가 상당수 존재할 것이다.

그렇다면 그중 친밀한 소통을 하고 있다고 여겨지는 사람의 수는 얼마인가? 로빈 던바의 최근 연구 결과에 따르면 페이스북 친구가 1천 명이 넘는 이른바 파워 유저들조차 정기적으로 연락하는 사람은 통상 150명 정도이며, 그중에서도 친밀한 소통이 가능한 사람은 20명도 채 되지 않는다고 한다.

지금 당신이 친밀한 소통을 하고 있다고 여겨지는 사람의 수가 20명에 가까울수록 당신의 소통 능력은 최대치에 가까울 것이다. 그렇다면 혹시 그 수가 20명을 훌쩍 넘는 사람도 있을까? 물론 있을 수도 있다. 하지만 친밀한 소통이 이루어지고 있다고 느끼는 관계가 20명을 훌쩍 넘는다고 해서 그만큼 소통 능력이 뛰어난 것은 또 아니라고 한다.

모든 친밀한 관계와 소통에는 일정 정도 물리적인 시간이 필요하다. 일정 시간 동안 정서적 에너지를 쏟을 때 비로소 친밀하다는 느낌을 주고받을 수 있는 특별한 관계가 형성된다는 것이다.

인간관계에서는 최소한 세 번 정도는 만나야 잊히지 않고, 여섯 번은 만나야 마음의 문이 열리며, 아홉 번은 만났을 때 비로소 친근감이 느껴진다고 한다. 이 아홉 번의 만남이 바로 물리적으로 필요한 시간이다. 이에 근거해 대다수 사람에게서 나오는 평균적인 한계치가 대략 20명이라는 것, 심리학자들은 이 한계치 안에 드는 사람들을 일컬어 '공감 집단'이라고 한다. 공감 집단이란 이를테면 내가 부고訃告를 전해 들었을 때 진정으로 망연자실하고 슬퍼할 수 있는 사람들로 이루어진 집단을 의미한다고 한다.

따라서 이 공감 집단 내 사람의 숫자가 두 배로 늘어난다면 우리는 그 관계와 소통을 위해 기존의 절반에 해당하는 시간과 정서적 에너지밖에 할애할 수 없게 된다. 결국 그만큼 친밀도가 줄어들고 소통이 원활해지지 않게 된다는 것이다. 이는 각자의 소통 능력과는 별개의 문제다. 그럼에도 불구하고 이 한계치를 넘어선 소통 욕구는 어쩌면 아무리 많은 것을 가져도 만족할 줄 모르는 욕심덩어리 현대인들의 또 다른 과욕일지 모르겠다는 생각이 든다.

언제나 중요한 것은 양보다 질이다. 얼마나 많은 사람과 소통하고 있느냐보다는 누구와 얼마나 진심으로 깊이 있게 소통하고 있느냐에 관심을 돌려야 할 때이다. 그렇게 할 때 우리는 비로소 인터랙티브한 고독에서 벗어나게 될 것이다.

우리는 누구나 진정한 소통을 원한다. 간절히

항공우주공학 등 공학 분야로 유명한 미국 퍼듀대학교는 이 학교 공과대학 졸업생을 대상으로 5년에 걸친 추적 연구를 실시했다고 한다. 그 결과 성적 상위그룹 학생들과 성적 하위그룹 학생들 간의 연봉 차이는 고작 200달러에 불과했지만, 인간관계 능력으로 구분한 상위그룹과 하위그룹 학생들 간의 연봉 차이는 무려 33%에 이르렀다는 통계가 나왔다고 한다.

그뿐만이 아니다. 미국 하버드대학교에서 실시한 조사에 의하면 해고자들의 해직 사유는 업무능력 부족보다는 소통능력 부족이 두 배 이상 많다는 결과가 나왔다고 한다.

자, 이제 진정한 소통을 통한 원활하고도 친밀한 관계 형성 능력을 키우는 습관이 성공에 이르는 절대적인 요인임을 의심할 여지는 없다.

우리는 누구나 진정으로 소통할 수 있기를 간절히 원한다. 이는 어쩌면 성공하는 인생을 살기 위한 욕망도, 글로벌 리더가 되고자 하는 욕망도 아닌 우리를 가장 인간답게 하고자 하는 욕망, 그 자체이다. 사회적인 인정을 받고자 하는 마음도 결국 사회 안에서 진정으로 소통할 수 있는 존재가 되고 싶은 간절한 바람이 아닌가.

결국 소통하는 즐거움을 알고 이를 즐긴다는 것은 성공을 디자인하는 습관 이전에 인간의 가장 기본적인 욕구인지도 모르겠다.

Choi's Ritual 03

소통할 대상에 대해 충분한 사전조사를 한다

상대에 대한 기본적인 이해가 없으면 소통은 불통이다

나는 사람들을 참 많이 만난다. 원래부터 사람 만나는 것을 좋아해서 만날 일이 생기면 웬만해서는 다 만나려고 하는 편인데, CICI를 설립하고 문화 소통 관련 일을 하다 보니 만나자는 사람도, 만나야 할 사람도 점점 더 늘어난다.

만날 사람이 많은 날은 어쩔 수 없이 아침잠을 줄여야 한다. 가뜩이나 일찍 일어나는 아침형 인간인데 일어나는 시간을 점점 당기다 보니 마치 수험생처럼 꼭두새벽에 일어나게 된다. 해가 늦게 뜨는 겨울철에는 아직 어둠이 채 가시지 않은 시간부터 하루 일과를 시작하곤 한다.

하루 일과는 매일 매일 거르지 않고 봐야 하는 국내외 뉴스와 신문, 그리고 인터넷 검색으로 시작한다. 인터넷 검색을 할 때는 오늘 만나야 할 사람에 대한 사전 조사도 함께한다. 그가 만약 유명인이라면 인터넷에서 그의 근황을 검색해 확인한다. 인터넷 검색으로는 근황을 확인할 수 없는 일반인이라면 그의 관심 분야나 그가 종사하고 있는 업무에 대한 최근 현황을 검색해 숙지한다.

이는 통역사로서 나의 오랜 습관이기도 한데 꼭 통역할 것이 아니라도 내가 만나게 될 사람에 대한 사전 조사를 철저히 하면 할수록 소통은 원활해지기 마련이다.

한번 생각해보라! 처음 만난 사람과 단둘이 마주 앉았는데 이름 석 자 이외에는 그에 대해 알고 있는 것이 아무것도 없다면 얼마나 어색하고 난감하겠는지. 날씨가 어떠네, 커피 향이 좋네 마네 하는 해도 그만 안 해도 그만인 말만으로는 그 어색함을 깨뜨릴 수가 없다. 그렇다고 초면에 밑도 끝도 없이 요즘 어떻게 지내느냐는 질문을 하는 것도 넌센스다.

요즘 어떻게 지내느냐는 질문은 서로의 근황을 알고 있는 사람들끼리나 할 수 있는 것이다. 새 책을 준비하고 있다더니 잘 되고 있느냐, 직장을 옮겼다고 했는데 새 직장은 마음에 드느냐 하는 식으로 말이다.

그러니까 상대가 요즘 무엇에 관심이 있는지, 어떤 일을 계획하고 있는지, 무엇을 하고 있는지 정도는 미리 알아보고 만나야 하는 것이다.

사실 내가 건강만큼이나 자신하고 있는 것이 기억력이다. 이 기억력 역시 소통을 원활하게 도와주는 윤활유 역할을 한다. 언제가 신문에서 언뜻 본 기사와 관련된 내용을 상대가 대화 중에 꺼냈을 때, 혹은 오래전에 만난 사람에게서 들은 적 있는 이야기가 화제로 등장했을 때 나는 내 기억력의 도움을 받아 이야기를 이어간다.

하지만 아쉽게도 기억력도 건강처럼 점점 예전만 못해진다. 그래서 예전에는 정말 만일을 위한 대비 차원이었던 메모가 이제는 나날이 떨어지는 기억력을 보조하는 필수적인 일이 되어버렸다. 세월 앞에 장사는 없는 모양이다. 그나마 다행인 것은 워낙 오래전부터 직업적으로 몸에 밴 철저하고 꼼꼼한 사전 조사와 메모의 습관이 있어 아직은 그 세월에 지지 않는다는 것이다.

협력
Cooperation

상대가 원하는 것을 내가 먼저 읽고,
내가 먼저 내주는 습관

누군가는 성공하고 누군가는 실수할 수도 있다.
하지만 이런 차이에 너무 집착하지 말라.
타인과 함께, 타인을 통해서 협력할 때에야
비로소 위대한 것이 탄생한다.

앙투안 드 생텍쥐베리Antoine de Saint-Exu-péry

지금 우리가 살아가고 있는 이 시대를 규정할 수 있는 가장 의미 있는 단어는 무엇일까?

그것은 아마도 '변화'일 것이다. 눈부신 변화의 시대. 오죽해 '모든 것은 변화한다'는 단 하나의 사실을 제외하고는 변하지 않는 것은 아무것도 없다는 말을 하겠는가.

이 '변화의 시대'라는 말이 무색하지 않게 지난 세월 우리 사회는 실로 수많은 변화를 거듭해왔다. 그리고 그 변화와 더불어 놀라운 속도로 성장 발전했다. 하루가 멀다 하고 쏟아져 나오는 새로운 기술과 다양한 지식은 지난 수십 년 사이 우리 사회 거의 모든 분야를 망라해 그 수준을 상향 평준화하기에 충분했다.

전 국민의 70% 이상이 사용하고 있다는 스마트폰이 가장 대표적인 예일 것이다. 겨우 손바닥 만한 이 기계가 성능 면에서 30년 전 미국의 공학자들이나 사용하던 컴퓨터보다 10배 이상 뛰어나다고 하니 상향 평준화도 이런 상향 평준화가 없을 것이다.

과거 우리 사회의 어른들은 젊은이들을 향해 혀를 끌끌 차며 '내가 네 나이 때는'으로 시작하는 갖가지 무용담을, 실로 눈물 없이는 들을 수 없는 고난과 역경의 역사를 이야기하곤 했다. 그러나 그 선배 어른들이 물러난 자리, 이제 새로운 어른으로 등극한 이들은 이 변화와 발전상 앞에서 '우리는 꿈에도 상상하지 못한 일'이라며 경이로움과 부러움이 한데 섞인 복잡한 감정을 토로한다. '좋은 세상에서 태어난 너희는 참 행복하겠다'는 푸념으로 상대적 결핍의 아쉬움을 달래면서 말이다.

그런데 이 좋은 세상에서 태어난 이들은 과연 행복하기만 할까?

텔레비전 본체에 달린 손잡이를 직접 돌려 채널을 조정해본 적이 없는 사람은 리모컨이 얼마나 편리한지 기계인지, 그 기술이 얼마나 대단한 기술인지 알지 못한다. 그런 이들에게 리모컨은 이미 편리가 아니라 당위일 뿐이다. 리모컨을 당위로 여기는 이들은 이제 집안이 아닌 집 밖에서도 텔레비전을 켜고 끄고, 심지어 방송 중인 프로그램을 녹화해두었다가 원하는 시간에 볼 수 있는 '꿈의 기술'을 개발하기에 이르렀다.

발전은 더 큰 발전을 꿈꾸게 했고, 마침내 그 꿈은 실현되었다. 그렇게 기성세대가 부러워하는 '좋은 세상'은 마치 브레이크가 없는 자동차처럼 더욱더 좋은 세상을 향해 쉼 없이 달리고 있다. 이런 세상에서 태어나 성장하고 살아가는 '요즘 아이들', 그들은 정말 행복할까?

변화와 발전, 성장이 가속화되고, 모든 것이 상향 평준화됨에 따라 덩달아 심화된 것이 하나 있다. 그것은 바로 경쟁. 이른바 무한 경쟁의 시대다. 변화의 시대와 함께 현재를 규정하는 또 하나의 핵심 단어는 바로 무한 경쟁일 것이다. 그리고 바로 이것 때문에 이 좋은 세상에서 태어나 행복한 줄 알아야 마땅한 요즘 젊은이들은 행복한 줄을 모르겠다고 하는 것이다. 아니 오히려 그들은 불행하다고 느끼고 있는 것 같다.

쌓아도 쌓아도 부족한 스펙,
스펙 과잉의 시대

대학만 나와도 웬만큼 인재로 취급받던 것은 그야말로 호랑이 담배 피우던 시절 이야기가 된 지 오래다. 그렇지 않아도 전 세계적으로 높은 교육열을 자랑하던 대한민국 사회에서 대학 졸업장은 이제 텔레비전 리모컨만큼이나 당연한 일이 되어 버렸다.

대다수의 젊은이가 대학 교육 이상의 고등교육을 받는 우리 사회는 급기야 과거 기계의 성능을 평가하기 위한 사양을 의미했던

'스펙specification'이라는 단어를 사람에게까지 붙여 가며 그 능력을 가늠하기에 이르렀다.

대학을 졸업하고도 모자라는 스펙을 채우기 위해 대학원에 진학하는가 하면 해외어학연수를 떠나기도 하고, 그 밖에도 다양한 지식과 기술을 습득하기 위해 수많은 시간과 비용을 지급하는 것이 아주 당연한 일로 여겨진다. 학력이나 외국어 실력조차 상향 평준화되어 그것만으로도 취업이 쉽지 않다며 방학이면 좋은 인상을 주기 위해 성형외과를 찾는가 하면 이제는 몸매도 패션도 스펙이라며 외모 가꾸기에까지 열을 올린다. 프랑스 유학 시절 통학 시간도 아까운 나머지 학교에서 5분 거리에 방을 얻어 통학할 때를 제외하고는 꼼짝도 하지 않고 앉아 공부만 하느라 몸무게가 8킬로그램이나 늘었던 나로서는 도무지 공감하기가 어려운 요즘 세태다.

사정이 이러하니 요즘은 살기가 더 힘들다는 '요즘 아이들'의 투정도 투정으로만 들리지는 않는 게 사실이다.

무한 경쟁의 시대를 살아가기 위한 스펙 쌓기는 비단 취업을 준비하는 젊은 사람들만의 문제는 아닐 것이다. 살아 있는 한 그 누구도 피할 수 없는, 살아 숨 쉬는 한 멈출 수 없는 필수 과제이다.

사람들은 내가 지금도 매일 매일 프랑스어 공부를 하고, 영어 공부를 한다고 하면 깜짝 놀란다. 명실공히 대한민국 최고의 국제회의 통역사가 아직도 공부해야 할 프랑스어와 영어가 있느냐고, 게다가 프랑스인과 결혼해 산 세월이 얼마인데 이쯤이면 프랑스어는 모국어나 다름없지 않으냐고 묻는다. 그러면 나는 웃으며 "정말 모국어인 한국어 공부도 하는 걸요." 하고 대답한다.

사람을 포함한 생물에는 절대로 쓰지 않던 '스펙'이라는 단어가 수년 사이 우리나라에서는 사람의 다양한 능력을 의미하는 단어로 대중적으로 쓰이게 된 것처럼 프랑스어에도 영어에도 매일매일 신조어들이 등장한다. 문법이나 철자를 무시한 개그맨들의 유행어가 대중화됨에 따라 '고뤠'니 '앙대요'니 하는 단어들, 중고등 학생들의 단축어나 은어에서 출발한 '인강인터넷 강의'이나 '자소서자기소개서'와 같은 말들이 어느 순간 신문 등 매체에까지 버젓이 등장하는 것은 우리나라만의 일이 아니다.

매일 하루 세 시간 프랑스와 미국의 TV 뉴스를 보고 듣고, 주요 일간지와 잡지를 읽지 않고서는 나도 내 스펙을 유지할 수가 없다. 그리고 언제나 강조하듯 외국어 실력의 완성은 모국어 실력이기에 한국어에 대한 감각을 조금이라도 잃지 않기 위해 주말은 특별한 일정이 없는 한 한국어로 된 책을 읽으며 보낸다.

새로운 스펙을 쌓는 것은 둘째 치고라도 이미 쌓은 스펙을 유지하는 데에도 이만큼 노력을 쏟아야 하니 여러모로 살기 힘든 세상임에는 틀림이 없다. 너나 할 것 없이 스펙 쌓기에 열을 올리다 보니 스펙은 쌓아도 쌓아도 부족하기만 하다. 스펙 과잉의 시대를 우리 모두는 살아가고 있는 것이다.

스펙 위의 스펙, 협력

이 힘든 세상, 무한 경쟁의 시대를 살아가기 위해 반드시 필요한 스펙 한 가지를 많은 사람이 간과하고 있다. 그것은 다름 아닌 협력이다.

협력은 글자 그대로 힘을 모아 합친다는 의미의 말이다. 이는 무한 경쟁의 시대 치열한 경쟁에서 승리하기 위한 스펙인 동시에 불필요한 경쟁을 피해 정작 필요한 경쟁에 에너지를 집중할 수 있는 지혜이기도 하다. 어떤 의미에서는 스펙 위의 스펙이라 할 수도 있겠다.

협력을 위해서는 내 힘을 기꺼이 남에게 빌려주기도 해야 하고, 남의 힘을 빌릴 줄도 알아야 한다. 그러려면 우선은 누군가가 빌리고자 할 만큼 꼭 필요한 나만의 힘을 가져야 한다. 그런 다음 누군가 내 힘이 필요할 때 기꺼이 그 힘을 내줄 수 있는 마음을 가져야 할 것이다. 바로 그 마음은 나에게 필요한 다른 누군가의 힘도 당당하게 빌릴 수 있도록 한다. 기꺼이 빌려주겠다는 각오가 있을 때 빌릴 수도 있기 때문이다.

수많은 경영학자들이 협력을 정의하고, 그 방법을 제안하고 있지만 내가 생각하는 협력은 이것이다.

과거에는 뛰어난 능력을 갖춘 사람을 이야기할 때, '만능' 또는 '전천후'라는 단어를 사용하곤 했다. 한 사람이 족히 백 명의 몫을 한다는 의미로 '일당백'이라는 단어도 많이 사용했다. 말 그대로 만능이거나 전천후여서 일당백의 역할을 할 수 있다면 얼마나 좋을까마는 실제로 그럴 수 있는 사람은 거의 없다. 아니 아무도 없으리라는 것이 내 생각이다. 만약 있다면 그는 아마도 사람이 아닌 신일 것이다.

실제로 만능이니 전천후니 하는 것은 그 어느 것에도 정통하지 못하다는 것을 의미한다. '만능'이라고 하면 제일 먼저 떠오르는 '맥가이버 만능 칼-정식 명칭은 빅토리녹스Victorinox 다목적 칼이다-'만 생각해도 만능과 전천후의 진짜 의미가 무엇인지 쉽게 이해할 수 있을 것이다. 결국 이 기능 저 기능을 맛보기로 조금씩 모아두어 응급상황을 대비할 수 있는 것에 불과하다는 것을 말이다.

동경동식同耕同食

함께 밭을 갈고, 함께 나눈다는 말이다. 모두의 힘을 한데 모아 함께 밭을 갈아야 더 큰 수확을 얻을 수 있다. 더 큰 수확을 얻었다면 그다음에는 그것을 공평히 나눌 줄도 알아야 진정한 승자가 될 수 있다.

요즘이 어떤 시대인가?

과거 극명하게 나뉘던 생산자와 소비자 그룹이 그 경계를 허물고 한데 어우러져 생산하는 소비자, 이른바 프로슈머Prosumer가

등장해 기업의 생산 활동에 협력하는 시대가 아닌가! 그뿐만이 아니다. 포도 한 알 나지 않는 지역에서도 세계적으로 유명한 와인 기업이 탄생하는 경이로운 시대이기도 하다.

무한경쟁의 시대에서 살아남기 위해서는 모든 것을 처음부터 끝까지 나 혼자 하겠다는 생각부터 버려야 한다.

협력을 원한다면
상대를 존중하라

사실 이 세상에는 처음부터 끝까지 혼자 힘으로 완수할 수 있는 일은 거의 없다.

사람들은 흔히 통역은 혼자 하는 일이라는 오해를 한다. 그러나 사실 통역이야말로 절대로 혼자서는 할 수 없는 일이다. 특히 국제회의 동시통역을 할 때는 동료 통역사들과 마치 한 사람인 것처럼 듣고 말하는 환상의 궁합을 발휘해야만 한다. 대개 2인 1조-때때로 3인 1조인 경우도 있다-를 이루어 좁은 통역 부스 안에 함께 들어가기 때문에 연인에 비유하기도 한다. 연인이야 마음이 맞지 않으면 헤어지면 그만이지만 동료 통역사와는 마음이 맞고 안 맞고를 따질 형편이 못 된다. 설령 평소 마음이 잘 맞지 않는 동료와 한 조가 되더라도 통역 부스 안에서의 '동거'가 시작된 이상 최상의 궁합을 발휘해야만 한다. 협력의 마음 없이는 절대로 할 수 없는 일이다.

굳이 동료 통역사들과의 협력을 예로 들지 않더라도 본질적으로 통역은 협력하는 일이다. 상대연사가 듣지 못하는 말을 대신 들어주고, 상대가 하지 못하는 말을 대신 해주는 일, 이 이상의 협력이 또 어디에 있겠는가.

유명 인사의 통역을 전담하다 보면 그가 통역사를 대하는 태도가 어떠한지 피부로 느끼게 되는 일이 많다. 통역사를 진심으로 자신의 협력자로 대하는가 아닌가를 말이다. 물론 내가 만난 대부분의 사람은 통역사를 대하는 태도에 있어서도 최상위층에 속하는 사람들이었다.

그중에서도 그 진심이 가장 잘 느껴졌던 사람은 자크 시라크 프랑스 전 대통령이다.

1995년에서 2007년까지 장장 12년 동안이나 프랑스를 이끌어 온 자크 시라크 대통령. 그는 그 오랜 세월을 최고의 자리에 머물렀던 세계적인 슈퍼 리더이자 자신과 함께 일하는 사람 한 명 한 명의 소중함을 아는 진정한 리더였다.

2000년 우리나라에서 열린 ASEM, 아시아-유럽정상회의에서 자크 시라크 대통령의 통역을 전담했던 나는 회의 기간 내내 그와 함께 움직였다. 당연히 엘리베이터도 그와 함께 타고 내렸다. 각국 정상들이 엘리베이터에서 타고 내리면 정상을 수행하는 사람들은 항상 그의 뒤를 따르게 되어 있다. 탈 때도 먼저 내릴 때도 먼저인 것은 각국 정상인 것이 당연한 일이다.

그러나 시라크 대통령은 항상 나를 앞세웠다. 이는 결코 매너와 에티켓을 중요시하는 나라 프랑스의 대통령이기 때문에 당연하다고 여길 일이 아니다. 각국 정상들이 통역사에게까지 '레이디 퍼스트lady first'의 에티켓을 실천하는 일은 거의 없다. 세계 각국의 취재진들이 진을 치고 기다리는 가운데 대통령보다 앞서 엘리베이터에서 내리다 보니 뜻하지 않게 카메라 세례를 받는 해프닝까지 벌어졌다.

그뿐만이 아니다. 청와대 만찬에 참석했을 때는 앞자리에 앉는 시라크 대통령이 뒤에 앉은 나에게 음식을 전달해주는 바람에 만찬 내내 함께 식사(?)하며 통역을 하는 이례적인 일까지 있었다. 각국 정상의 뒷자리에 수많은 통역사가 줄줄이 앉아 있었지만, 각국 정상들과 함께 음식을 먹은 통역사는 아마도 나밖에 없었을 것이다.

조찬에서부터 본 회의, 만찬과 파티로까지 이어지는 대규모 행사의 통역을 진행하다 보면 하루종일 한 끼도 제대로 먹지 못하는 일이 허다한 것이 국제회의 통역사라는 직업이다. 게다가 오감의 모든 신경을 최대로 곤두세우고 바짝 긴장한 채 끊임없이 말까지 해야 하는 직업이다 보니 식사를 제대로 하지 못한 채로 일할 때 느끼는 허기는 평소의 몇 배다. 하지만 장시간 공복空腹을 견디는 것쯤은 이골이 난 나다. 그런 내가 통역 업무 중 각국 정상들과 동시간대로 식사를 한다는 것은 꿈에도 생각해본 적이 없는 일이었다. 그것도 프랑스 대통령이 어미 새처럼 직접 날라주는 음식을 가만히 앉아 받아먹으면서 말이다.

인생 최고의 협력은 결혼

협력에 관해 이야기할 때 절대로 빼놓을 수 없는 사람이 또 한 명 있다.

팔불출이라고 놀리는 사람이 있을지 모르지만 그는 디디에 벨투아즈Didier Beltoise, 바로 내 남편이다. 프랑스인인 디디에는 파리 호텔경영학교 출신의 호텔전문가로 스물한 살에 세계 최대 규모의 다국적 호텔 체인인 인터컨티넨탈호텔그룹에 입사해 전 세계 여러 지역을 옮겨 다니며 인터컨티넨탈호텔 총지배인으로 근무했다.

프랑스 유학 경험이 있는 내가 프랑스인과 결혼을 했으니 사람들은 으레 우리 부부가 프랑스 유학 시절에 만났으려니 한다. 하지만 나는 남편을 주한 프랑스 대사의 소개로 한국에서 만났다. 동갑내기였던 나와 남편은 20여 년 전 한불 양국 대표 노총각 노처녀로 만나 친구처럼 지내다가 결혼에 골인, 독신 탈출에 성공한 엄청난 행운아들이다.

남편 디디에와 친구처럼 지내던 시절, 나는 그에게 언제가 가장 행복하냐고 물었던 적이 있다. 디디에는 잠시의 망설임도 없이 다른 사람을 위해 봉사할 때라고 대답했다. 나는 이 남자가 나에게 잘 보이고 싶은 마음에 멋있는 척하는구나 생각하고 그냥 웃어 넘겼다. 그런데 그로부터 몇 년이 지난 후 디디에는 '세상 모든 사람이 행복할 수 있도록 봉사하며 살 자신은 없지만, 당신 한 사람을 위해, 당신의 행복을 위해 봉사할 자신은 있다'는 말로 나에게 프러포즈를 했다.

어렵게 얻은 프랑스 유학의 기회가 어머니의 극심한 반대에 부딪혀 물거품이 되려는 순간, '퇴폐적인 나라에 가서 퇴폐적인 분위기에 물이 들든, 호텔 보이와 결혼을 하든 다 자기 운명이고 팔자'라며 딸의 편을 들어주셨던 아버지의 말이 씨가 되었을까? 서른을 훌쩍 넘기고도 결혼 상대를 만나지 못하고 있었던 나는 이 감동적인 프러포즈로 동갑내기 호텔 보이, 아니 호텔리어와 결혼을 하게 되었다. 결혼할 때 우리들의 나이는 만 서른아홉-마흔에 결혼했다고 말하지 않으려고 이때만큼은 꼭 만 나이로 얘기한다-. 예나 지금이나 상당히 늦은 나이다. 30대 중반이 되도록 독신으로 지내며 나는 어쩌면 결혼을 영영 안 할 수도 있겠다는 생각을 했던 것도 사실이다. 오직 나만을 생각해도 되는 혼자만의 삶이 일면 편한 것도 사실이었으니까. 하지만 그 편안함 때문에 평생을 혼자 외롭게 살고 싶지는 않다는 생각도 하던 차에 나타난 내 인생의 반려자였다. 그렇게 우리 부부는 지난 20년을 함께 하고 있다.

디디에의 직업으로 인해 우리는 물리적으로는 함께 했던 시간만큼이나 떨어져 지낸 시간도 많았다. 그러나 함께 했던 시간도 떨어져 있었던 시간도 우리는 서로에게 최고이자 최상의 협력자였다. 그리고 얼마 전 디디에는 나와 함께 한국에서 살고자 평생을 바쳐 일구어 온 호텔리어로서의 커리어를 과감히 포기했다. 그리고 이제 자신의 회사를 설립하여 활동하며 나와 함께 한국의 문화와 이미지가 세계에 소통되도록 하는 일을 하고자 한다.

사실 디디에의 조력과 격려가 없었더라면 나는 CICI를 그렇게 쉽게 시작할 수 없었을 것이다. 왜냐하면, 소통은 어느 한 편에서만 정통하다고 해서 할 수 있는 일이 절대 아니기 때문이다.

한국인인 내가 한국의 문화와 이미지에 정통한 것은 당연하다. 외국 사람들과 비교해서 말이다. 그러나 한국 문화와 한국 이미지를 잘 알고 있다고 해서 그것을 세계와 소통하는 것도 반드시 잘할 수 있는 것은 아니다. 소통의 출발은 상대의 마음을 읽는 것이지 않은가. 한국의 문화가 아무리 우수한들 정작 그것이 세계인들의 관심사 밖이라면 그것은 절대로 소통될 수 없다.

디디에는 프랑스인으로서, 그리고 세계 각국의 문화를 널리 경험한 글로벌 호텔리어로서 아내의 나라 한국의 문화와 이미지가 어떻게 세계인의 뇌리에 각인될 것인지, 어떻게 하면 그들의 마음에 가닿을 수 있을지 검증하고 조언해준다. 한국 문화와 이미지에 관한 한 최고의 협력자는 바로 남편 디디에다.

최근 들어 디디에는 연간 8천만 명의 관광객이 다녀가는 프랑스의 힘을 이제 한국의 문화와 이미지에 심기 위한 컨설팅에도 나섰다. 그는 한국의 문화가 프랑스 문화만큼이나 우수하며 한국의 이미지 또한 프랑스의 그것 이상으로 매력적이라고 생각하는 사람으로서 세계 속의 한국 이미지를 한 단계 업그레이드 할 수 있도록 하는 데에 앞으로의 삶을 헌신하겠다고 한다. 그 누구의 권유나 강요가 아닌 디디에의 선택이었다.

나는 이를 또 한 번의 프러포즈라고 생각한다. 그리고 이제 나는 디디에가 스스로 선택한 일을 잘해낼 수 있도록 협력하는 것으로 그의 프러포즈에 응답할 생각이다.

디디에는 요즘 한국어 배우기에 열중하고 있다. 그래서 나 또한 아무리 바빠도 디디에의 한국어 숙제를 봐주는 것을 가장 중요한 일과로 꼽는다.

> 집사람과 한국에서 살기 위해 한국어를 배우고 있다. 하지만 한국어는 배울수록 더 어렵다.

삐뚤빼뚤 써놓은 디디에의 한국어 작문을 보면 가슴이 뭉클해지면서 눈물이 핑 돈다. 20년 전 그가 나에게 했던 말은 결코 한

여자의 환심을 사서 결혼 한번 해보려던 공수표가 아니었음을 알기에.

그러고 보니 문득 결혼이야말로 최고이자 최상의 협력이 아닌가 하는 생각이 든다. 물론 내 인생에서도 최고이자 최상인 협력은 내 남편 디디에와의 결혼이었다.

협력을 배울 수 있는 유일한 방법은 최고의 협력자를 만나는 것

사회 전체가 스펙 쌓기에 혈안이 되어 있는 만큼 이 스펙을 위한 다양한 교육기관이 성행하고 있다. 취업 준비생들을 비롯한 성인들뿐만 아니라 이제는 중고등학생들도 스펙 쌓기에 여념이 없다고 한다. 물론 입시 때문이다. 한때 입시에서 창의력을 중요하게 여긴다고 하자 창의력을 가르친다는 학원까지도 생겼다고 한다.

그런데 도대체 그 학원에서는 무엇을 가르칠까? 창의력을 가르치는 교수법이 존재하기는 할까 싶다.

그렇다면 머지않은 장래에 협력을 가르치는 학원도 생겨날까? 혹시 이 책을 읽은 사람 중에 미래를 내다보는 혜안을 가진 사람이 있어 발 빠르게 그런 학원을 만들지는 않을까?

하지만 애석하게도 그런 일은 일어나지 않을 것 같다. 협력이 그 정도로 중요한 스펙이 아니라서가 아니라 협력은 이론적으로 배워서 할 수 있는 것이 아니기 때문이다.

나 혼자 파이를 구워 그 파이를 통째로 먹겠다는 생각에서 시작하면 결국 파이 한 판의 크기는 내가 구울 수 있는 파이의 최대 크기를 넘을 수 없다. 그러나 여러 사람의 힘을 한데 모아 세상에서 가장 큰 파이를 구운 다음 그 파이를 나누어 가진다면 파이 한 쪽이 파이 한 판보다 훨씬 더 커질 수도 있다. 우리는 이 사실을 모르지 않는다. 우리는 그 사실을 알고 있는 지구 상의 유일한 생명체, 인간이기 때문이다.

협력은 오랜 세월 이어온 인류 역사 속에서 학습에 학습을 거듭하며 체득한 것으로 제아무리 뛰어난 스펙을 자랑하는 컴퓨터도 스스로 협력하는 스펙을 가지지는 못한다. 물론 지금까지 발전한 정보화 기술에 엄청난 가속이 붙는다면, 그리하여 인간의 모든 지능을 능가하는 인공지능기술이 개발된다면 협력이라는 스펙을 장착한 컴퓨터도 나올지는 모르겠다. 그러나 그쯤 되면 인간은 컴퓨터의 지배를 받는 노예로 전락하거나 그로 인해 마침내 인류가 멸망한다는 진짜 SF 영화 같은 일도 함께 일어날 것이다.

어디에서도 누구에게도 배울 수 없는 협력. 그러나 그 협력을 배울 수 있는 유일한 방법이 하나 있기는 하다. 그것은 최고의 협력자를 만나는 것이다. 내 경우 자크 시라크 프랑스 전 대통령과 지금은 한국어 닉네임 배도원이라 불리는 것을 더 좋아하는 내 남편 디디에 벨투아즈가 그 주인공들이다.

이미 말했듯 자크 시라크 프랑스 전 대통령은 최고의 협력을 이끌어내는 힘은 상대에 대한 존중이라는 것을 알려준 내 인생 최고의 롤모델 중 한 명이다.

그리고 남편 디디에는 가장 중요한 협력 노하우를 나에게 알려준 사람이다. 협력의 가장 중요한 노하우는 내가 먼저 상대가 가장 원하는 것이 무엇인지를 읽는 것이다. 그리고 그것을 내가 먼저 내놓는 것이다. 디디에가 나에게 했던 것처럼 말이다.

사실 CICI를 설립한 이래 나는 디디에뿐만이 아니라 수많은 협력자들의 도움을 받아왔다.

한국의 이미지가 세계적으로 소통되기를 바라는 내 진심을 알아 기꺼이 참여해주고 있는 세계 각국 유명 인사들, 자신의 재능을 기꺼이 기부해준 수많은 한국의 문화예술전문가들, 세계 속의 한국 이미지 소통에 동참한다는 의의 하나로 여러모로 도움을 준 각계각층의 지도자들, 그리고 지금까지 살아오면서 스치듯 지나갔던 작은 인연을 빌미로 나보다 먼저 손을 내밀어 어떤 힘이 필요한지, 원하는 것이 무엇인지 묻고 기꺼이 힘을 보태주었던 수많은 사람들, 학창 시절 동기들, 후배들, 제자들...

일일이 헤아릴 수도 없을 만큼 수많은 협력자가 보이는 곳에서 혹은 보이지 않는 곳에서 나를 지원하고, 나에게 협력해주고 있다. 그리고 그들의 지원과 협력에 힘입어 우리 CICI는 나날이 성장하고 있다-고맙다는 말 한마디로는 그 고마움을 다 표현할 수 없지만 일단 지면으로나마 두루두루 감사의 말을 전한다-.

상대성 이론을 발표한 천재 물리학자 알버트 아인슈타인Albert Einstein은 이 세상은 두 가지 방법으로 살 수 있다고 했다. 한 가지는 기적 같은 건 없다고 믿으며 사는 법, 또 다른 한 가지는 모든 것이 기적이라고 생각하며 사는 법이 그것이다. '신은 절대 주사위를 던지지 않는다'며 우주의 모든 현상에는 일정하고 예측 가능한 법칙이 있다고 말했던 아인슈타인도 기적은 있을 수 있는 일이라 생각했던 것일까?

어쨌거나 나는 모든 것이 기적이라고 생각하며 사는 쪽이다. 그래서 언제나 가장 필요한 순간, 가장 적절한 협력자들이 나타나 크고 작은 힘을 보태줄 때마다 나는 이 모든 것이 기적이라고 생각한다. 그리고 기적처럼 나를 나아가게 하는 힘이 있어 지금 내가 하고 있는 일이 나의 소명이라는 확신을 얻게 된다.

습관이 되지 않으면
가장 하기 힘든 일, 협력

우리는 자신이 원하는 것이 무엇인지에 생각하는 데에는 지나치리만치 에너지를 쏟는다. 심지어는 원하는 것을 취하면서도 이

것이 진정 내가 원하는 것인지에 대해 끊임없이 의심하고 반문한다. 하지만 남이 원하는 것이 무엇인지에 대해 생각하는 것에는 매우 인색하다. 심지어 그런 생각을 하는 것은 오지랖이라고 여기기도 한다. 당연히 상대가 원하는 것을 내가 먼저 내놓은 것은 있을 수 없는 일, 늘 경쟁에서 밀리고 지는 패배자의 길이라고 생각한다.

그래서 협력은 상대의 힘을 빌리는 것이지 내 힘을 빌려주는 것이라는 생각도 미처 하지 못한다. 내 힘을 빌려주겠다는 각오가 되어 있지 않으니 남의 힘을 빌리고자 하는 것이 구차하게만 느껴질 것이다. 구차하게 구걸하느니 처음부터 끝까지 혼자 하고 말겠다는 만용을 부리게도 되는 것이다.

상대가 원하는 것을 내가 먼저 내주면 저절로 협력은 이루어진다. 하지만 문제는 이게 말처럼 간단한 일이 아니라는 데에 있다.

줄 때는 아낌없이 줘야 한다. 상대의 협력을 기대하고 준다면 먼저 주든 나중에 주든 그 순서는 이미 의미가 없어진다. 기대가 있는 한 그 기대에 대한 가능성을 점치게 되는 것이 우리의 본능이기 때문이다. 결국, 계산을 하게 될 것이고, 계산한 다음 준다는 것은 이미 계산이 먼저가 되고, 내가 주는 것은 그다음이 되는 것이다.

그래서 세상에서 가장 쉬운 일처럼 보이는 내가 먼저 내놓는 것이 세상에서 가장 어려운 일이 되고 마는 것이다. 협력하면 더 큰 것을 얻을 수 있다는 것은 학습의 결과이지만 경쟁에서 이기고 싶은 마음은 우리 모두의 본능이기 때문이다.

세상에서 가장 하기 힘든 일을 쉽게 하려면 습관이 되도록 하는 수밖에 없다. 매 순간 상대가 원하는 것이 무엇인지를 먼저 읽으려는 습관, 내가 먼저 상대가 원하는 것을 내놓으려는 습관, 협력도 습관이 되지 않으면 하기가 매우 힘들다. 본능을 대적할 수 있는 것은 오랜 세월 거듭한 훈련으로 몸에 배도록 하는 습관밖에 없기 때문이다.

인생은 생각보다 훨씬 더 긴 레이스다. 흔히 인생을 마라톤에 비유하지만 나는 마라톤은 인생에 댈 바가 아니라고 생각한다. 마라톤은 풀코스라고 해봐야 고작 42.195킬로미터, 완전 초보 아마추어도 반나절이면 완주할 수 있는 거리다. 그러나 인생은 적어도 수십 년이다. 머지않아 100년에 가까워질 전망이다.

이 길고 긴 레이스에서 지금 당장 눈앞에 보이는 작은 것 하나를 먼저 내놓는다고 해서 그게 그리 대단한 손해일까? 설령 손해라 할지라도 인생 전체에서 지는 일은 절대 아닐 것이다. 누가 먼저 자신의 힘을 빌려주느냐, 누가 먼저 상대가 원하는 것을 내놓느냐에 따라 성패가 갈리는 단순한 경기가 절대 아니다. 우리의 인생은!

Choi's Ritual 04

길들이고 인연 맺은 모든 것에 대해 항상 생각한다

사람이 없으면 할 수 있는 일은 아무것도 없다

난 친구를 찾고 있어. 그런데 '길들인다'는 말이 무슨 뜻이야?

요즘은 쉽게 잊혀지고 있는 일이지만 그건 '인연을 맺는다'는 뜻이기도 해.

인연을 맺는다고?

응, 바로 그거야. 내 눈에 넌 수많은 소년과 다를 바 없는 어린 소년에 지나지 않아. 그래서 난 네가 없어도 상관없고, 너도 내가 없어도 상관없어. 너에게 난 수많은 여우 중에 하나일 뿐이지. 하지만 만약 네가 나를 길들인다면 난 너에게 이 세상에 하나뿐인 존재가 되는 거야. 너도 나에게 마찬가지지고......

내가 가장 좋아하는 소설 <어린 왕자>의 한 부분이다. 사람과 사람의 관계, 그리고 그 안에서 생겨나는 인연의 의미를 다시 한 번 생각하게 하는 대목으로 아마도 많은 사람이 <어린 왕자>라고 하면 바로 이 부분을 기억할 것이다.

이 책은 또 다른 대목에서 누군가를 길들이면, 인연을 맺으려면 인내심이 강해야 한다는 것도 말하고 있다. 그리고 상대에게 바친 시간만큼 상대가 소중해진다는 말로도 길들임의 의미를 설명하고 있다.

나는 관계, 즉 인연의 소중함을 이 이상으로 명쾌하게 설명하는 말은 없다고 생각한다.

사람보다 값진 재산이 또 있을까?

세상 일 중에 단지 돈이 없어서 할 수 없는 일은 그다지 많지가 않다. 하지만 사람이 없으면 결국 아무 일도 할 수가 없다. 그래서 사람의 마음을 잃으면 결국에는 다 잃게 된다는 것이다.

협력은 사람의 소중함을, 그리고 그 관계의 소중함을 분명하게 알고 있을 때 비로소 진가를 발휘하게 된다. 그래서 요즘은 인맥도 스펙이라고 하는 것이다.

하지만 그저 마당발처럼 확장해놓기만 한 인맥은 절대 스펙이 될 수 없다. 단지 알고 지낸다는 이유만으로 진심을 다해 협력할 사람은 아무도 없다. 우선 나 자신부터 그렇지 않은가.

> 사람들은 그 진리를 잊어버렸어. 하지만 넌 그걸 잊어버리면 안 돼. 넌 네가 길들인 것에 대해 끝까지 책임을 져야 하는 거야. 그러니까 넌 네 꽃에 대한 책임이 있어……

어린 왕자에게 작별을 고하며 여우가 마지막으로 한 말이다.

나는 이 말의 의미를 언제나 마음속 깊이 새기며 내가 길들인 모든 것, 나와 맺은 모든 인연에 대해 끝까지 책임지기 위한 노력을 하고 있다.

그 노력은 우선 나와 어떤 형태로든 인연을 맺은 사람을 항상 염두에 두는 것으로 시작한다. 그 사람이 나에게 어떤 도움을 주었을 때든 그렇지 않을 때든 상관없이 늘 그 사람에 대해서 생각을 하다 보면 어느 날은 문득 그의 안부가 궁금한 날도 있고, 그가 좋아할 만한 무엇을 보면 이내 그 사람을 떠올리게 된다. 그러면 주저하지 않고 그에게 연락한다. 오랜만에 안부를 묻고, 사정이 허락한다면 빠른 시일 내에 만날 약속을 한다. 그가 좋아할 만한 그 무엇에 그를 생각하는 마음을 담아 작은 선물을 정성껏 준비하고 그와 만날 그 날을 고대한다.

길들인다는 것, 그리고 길들인 것에 대해 책임을 다한다는 것은 바로 이런 것이다.

배려

Care

상대의 신발을 신어보아야
비로소 실천할 수 있는 성숙한 삶의 태도

그러므로 무엇이든지
남에게 대접을 받고자 하는 대로
너희도 남을 대접하라.
이것이 율법이요, 선지자니라.

마태복음 7장 12절

외국어만 잘하면 만사 오케이일 것 같지만 실제로 통역사들에게 요구되는 역량은 매우 다양하다.

무엇보다 우선으로 외국어 능력 이상의 모국어 능력이 요구된다. 내가 늘 강조하는 말이지만 모든 외국어 능력은 절대적으로 모국어 능력에 준한다. 따라서 아무리 많은 노력을 기울여 실력을 쌓는다고 해도 외국어 능력이 자기 모국어 능력의 80~90%를 넘기란 어렵다. 따라서 내 모국어가 100% 완벽하다 할지라도 외국어는 그 80% 수준으로 20% 이상 실력이 하락하는 것이 일반적이다.

그런데 만일 내 모국어 능력 자체가 80% 수준이라면 어떻게 되겠는가? 80%의 80%, 즉 65%에도 미치지 못한다는 계산이 나온다. 그것도 최대한의 역량을 발휘했을 경우이다.

통역사는 언어 능력 이외에도 다양한 분야에 대한 지식을 일정 수준 갖추어야 한다. 언제 어느 때 어떤 전문적인 내용을 통역해야 할 순간이 닥칠지 모르기 때문이다. 물론 통역을 진행하기 전에 어느 정도 사전 조사 및 준비의 시간을 갖기는 한다. 그러고 보니 철저함, 꼼꼼함도 통역사의 주요 자질에서 빼놓을 수 없다.

평소 통역사가 다양한 분야에 관해 관심과 지식을 쌓아두지 않는다면 이 사전 조사와 준비에 걸리는 시간은 무한정으로 길어질 것이다. 그러나 통역사가 완벽한 준비를 할 때까지 무한정 시간을 주고 기다려줄 리는 없지 않은가. 따라서 통역사는 잡학 박사도 되어야 한다.

통역사 본인의 성향은 결코 유머러스하지 않더라도 상대의 유머를 이해할 만큼의 유머 감각은 반드시 필요하다. 이 밖에도 길고 지루한 연사의 말을 놓치지 않고 듣고 이해할 수 있는 집중력과 이를 즉각적으로 표현할 수 있는 순발력은 물론이고, 통역사의 직업윤리를 준수하는 도덕성에 이르기까지 어찌 보면 거의 완벽에 가까운 역량과 자질이 요구된다.

게다가 통역사는 뭐니뭐니해도 성격이 원만해야 한다. 이 모든 일을 큰 스트레스를 받지 않고 해낼 수 있어야 하며 어떤 연사 어떤 동료 통역사를 만나든 조화롭게 임무를 수행할 수 있는 친화력이 있어야 하기 때문이다. 특히 작은 실수도 용납되지 않는 국제회의 통역을 진행할 때 극도의 긴장 상태를 견딜 수 있으려면 대범하기까지 해야 할 것이다.

성격 좋고 노련한 통역사도 가장 피하고 싶은 상황

제아무리 성격 좋고 노련한 통역사라 하더라도 피하고 싶은 상황은 있다. 물론 피하고 싶다고 해서 피할 수는 없겠지만 말이다.

첫 번째 상황은 연사가 매우 비논리적으로 연설하는 경우다. 논리가 분명하면 이해하기가 쉽고, 따라서 통역하기도 한결 수월해진다. 반면 비논리적인 데다가 말하고자 하는 요지마저 불분명한 경우에는 통역하는 데에도 몇 배로 힘이 더 든다.

하지만 이런 경우 개떡같이 말해도 찰떡같이 통역을 해야 하는 것이 바로 통역사의 임무다. 연사의 논리력을 보고 통역을 할 것인지 말 것인지를 선택할 수는 없지 않은가. 비논리적인 연사의 요점 없는 발언도 능력껏 최대한 소화하여 상대가 이해하기 쉽게 요점을 잡아 통역을 해야 한다.

일부러 비논리적으로 요점도 없이 말하고 싶어서 그렇게 말하는 사람은 아무도 없다. 그 정도밖에 안 되는 말재주를 타고 난 본인은 오죽 답답하고 속상하겠는가. 오히려 안타깝게 생각하고 더욱 신경을 써서 협력해야 할 일이지 통역사가 화가 날 일은 아니다. 다만 그럼에도 불구하고 되도록 피하고 싶은 상황일 뿐이다.

그런데 두 번째 상황은 파트너와 같이 통역 부스 안에 들어가 동시통역을 할 때 동료 통역사와의 사이에서 벌어지는 일로, 아무리 성격 좋은 통역사라도 화가 날만 한 상황이다.

통역을 하기 전 통역사들 간에는 합의가 이루어진다. 대개 한 사람의 통역사가 20~30분씩 통역을 하고 교대하는데, 그 순서와 시간을 정하는 것이다. 본인이 통역을 하지 않아도 되는 20~30분의 시간이 주어지면 화장실을 다녀오기도 하고, 통역에 필요한 자료를 검토하기도 하면서 휴식 시간을 가진다. 물론 배려심 깊은 통역사는 급한 용무가 아니고서는 통역 부스를 떠나지 않고 함께 연설 내용을 들으며 고유명사나 수치 등을 적어주며 동료 통역사를 적극 돕기도 한다. 협력의 힘을 아는 통역사인 경우다.

통역사들이 가장 피하고 싶은 상황은 일명 '마이크로파지아microphagia'와 같이 통역 부스 안에 들어가는 것이다. '-파지아-phagia'는 어떤 음식을 상식常食한다는 의미를 지닌 연결어미-phagy의 변형으로, 마이크로파지아는 마이크를 상식하는 사람, 즉 통역이 익숙해지면 동료 통역사에게 마이크를 넘겨주기 싫어하는 통역사를 일컫는 우리들만의 은밀한 용어다.

문제는 이 마이크로파지아들도 연설 내용이 갑자기 어려워지거나 빨라져서 통역하기가 힘들어지면 더 이상 마이크를 먹지 않고 동료 통역사에게 넘겨준다는 것이다. 하지만 이때는 동료도 통역하기가 꺼려지는 상황이기는 마찬가지가 아닌가. 함께 일하는 동료에 대한 배려심이 부족한 사람들, 바로 마이크로파지아들이다.

작고 사소한 배려가 더 진한 감동과 깊은 울림을 남긴다

배려配慮는 남을 생각하고 염려하는 것, 도와주고 보살피려는 마음을 뜻하는 한자어다. 그런데 재미있는 사실 하나는 배配라는 한자가 아내를 의미한다는 것이다. 그러니까 한자 뜻 그대로 풀이하자면 배는 아내를 생각하고 염려하는 마음이다. 아마도 천생 배필인 아내에 대한 생각과 염려가 배려의 어원이었던 모양이다.

사실 자기 배우자를 생각하고 염려하는 마음을 다른 모든 타자에게 쏟을 수만 있다면 배려는 지극히 당연한 삶의 태도, 즉 습관이 될 것이다. 그러나 언제나 그러하듯 그럴 수가 없다는 것이 문제다.

배우자는 나와 삶을 함께할 운명공동체로 과거에는 분명 남이었지만 지금은 남이 아닌 사람이다. 하지만 남은 어디까지나 남이 아니던가. 나와 운명을 함께하기로 한 사람과 그렇지 않은 사람을 똑같이 대할 수는 없는 노릇이다. 그러나 적어도 이 사람이 내 아내라면, 내 남편이라면, 나와 운명을 같이 할 사람이라면 내가 이렇게 할 것인가에 대해 잠시라도 생각해보고 어떤 행동을 한다면 상황은 달라질 수도 있을 것이다.

수년 전 CICI 회원 30여 명과 함께 사진작가 배병우의 작업실을 방문한 적이 있었다. 그의 작업실 위치는 서울에서는 꽤 거리가 떨어진 파주 헤이리에 있다. 하지만 한눈에도 배병우 작가의 아이덴티티가 확 느껴지는 그의 소나무 사진 콜렉션을 비롯해 그의 문화적 관심사와 안목을 들여다볼 수 있는 서재를 구경할 수 있는 매우 독특한 공간으로 먼 길을 마다하지 않을 충분한 이유가 있는 나름의 명소였다. 그런데 하필 가는 날이 장날이라고 우리가 방문하기로 한 날은 아침부터 폭우가 쏟아졌다. 작업실에 도착할 때까지 줄기차게 내린 빗줄기에 우리는 대부분 옷과 신발이 축축해질대로 축축해진 상태였다.

바로 그때 그의 작업실 입구에서 우리 일행을 반갑게 맞아준 것은 배병우 작가만이 아니었다. 방금 포장을 뜯은 게 분명한 색

색의 슬리퍼 30여 켤레가 다소곳이 손님을 맞이할 채비를 하고 있는 것이 아닌가.

배병우 작가의 작업실을 원래 신을 신고 들어가게 되어 있었다. 하지만 아침부터 내린 폭우로 방문객들의 신발이 분명 비에 젖었을 것이라고 생각한 배병우 작가는 작업실에서의 시간이 쾌적할 수 있도록, 그리고 그 시간 동안이나마 젖은 신발을 말릴 수 있도록 방문객 수와 꼭 맞는 슬리퍼를 준비해두었던 것이다. 그것도 젖은 발로 신기에 불쾌감이 들지 않도록 새 슬리퍼로 말이다.

평소 나는 사진작가는 섬세하기가 여성 못지않아 까다롭고 예민한 사람들이라는 일종의 선입견을 가지고 있었다. 하지만 그날만큼은 그 까다로움과 예민함이 배려로 승화된 것 같다는 느낌을 충분히 받을 수 있었다.

언젠가 잡지에서 국내 유명 패션 디자이너의 인터뷰 기사를 읽은 적이 있는데 그는 방문객을 위한 실내 슬리퍼 중에 여성용은 반드시 상당한 높이의 굽이 있는 것으로 준비한다고 했다. 그 이유는 실내에서의 편안함보다는 스타일의 완성이 중요한 여성들이 납작한 실내 슬리퍼 앞에서 난감한 표정을 지으며 우물쭈물하는 것을 여러 차례 목격했기 때문이란다. 키를 조금이라도 더 커 보이도록 하면서 아름다운 각선미를 완성해주는 하이힐에서 내려오기를(?) 주저하는 여성들에 대한 속 깊은 배려가 아닐 수 없다. 여자의 마음을 잘 아는 패션 디자이너의 사소하지만 매우 여성 친화적인 배려. 아마도 배병우 작가도 여기까지는 미처 생각하지 못했을 것이다.

배려란 꼭 크고 대단한 것만은 아니다. 오히려 작고 사소한 배려가 더 큰 감동으로 더 오래도록 마음에 남을 때가 많다. 비에 젖은 발을 따뜻하고 쾌적하게 감싸주었던 슬리퍼의 아늑함처럼 말이다.

거절하지 못하는 것이 배려가 아니다

누군가 무슨 부탁을 하면 도무지 거절하지 못하는 사람들이 있다.

웬만해서는 노no라는 말을 못해서 언제나 예스, 예스, 급기야 예스맨이라 불리기도 한다. 예스맨이라는 것은 사실 칭찬보다는 허물에 가깝다. 인간성은 좋으나 일 처리가 딱 부러지지 못하고 깔끔하지 못하다는 의미가 숨어 있기 때문이다. 만만한 호구虎口라는 의미가 포함되기도 한다.

사람이 한없이 물러서 말이지, 도무지 거절할 줄 몰라요.

사람이야 참 좋지! 배려심도 깊고...

하지만 거절하지 못하는 것이 배려 때문이라고 생각하는 것은 대단한 착각이다. 거절해야 할 일은 분명하게 거절하는 것이 오히려 더 큰 배려다.

거절해야만 할 일, 거절할 수밖에 없는 일임에도 불구하고 단지 단호하게 '안 된다', '못 한다'고 말하는 것이 내키지 않아 어정쩡하게 수긍을 했다가는 결국에는 일을 그르치게 될 것이 분명하다. 이거야말로 상대를 배려하지 못한 행동일 뿐이다. 그런데도 자신은 상대를 배려하느라 매몰차게 거절하지 못하는 것이라고 자신을 합리화하는 사람들이 의외로 많은 것 같다.

딱히 수긍하는 것은 아니지만, 상대의 감정이 서운할지도 모른다는 배려가 앞서 정확하게 거절하지 못한 경우는 일이 더 복잡해진다. 나는 상대의 감정을 '배려'해 에둘러 표현했을망정 거절 의사를 어느 정도 밝혔다고 생각하지만 상대는 부탁을 들어줬다고 생각하고 기대를 할 것이기 때문이다. 상대는 한껏 부풀었던 기대가 와르르 무너져 속상하고 서운한 마음이 배가 될 것이고, 그런 만큼 원망도 커질 게 분명하다. 나 역시 최대한 배려하며 거절의 의사를 말했음에도 원망의 화살이 나를 향하는 것에 대한 서운함을 씻을 수가 없을 것이다.

결국, 상대도 나도 배려받지 못했다는 서운함만 키우고 마는 꼴이 된다. 분명 배려하고자 하는 마음에서 시작된 일이었음에도 불구하고 말이다.

그렇다고 해서 매사에 딱 부러지게 구는 사람을 배려가 깊은 사람이라고 평가하지는 않는다. 정情에 죽고 정에 사는 한국 사회라면 더욱 그렇다.

그러니 이만저만 답답한 노릇이 아니다. 진정한 배려란 도대체 무엇인지, 내가 어떻게 해야 상대가 나의 배려를 배려로 받아들여 줄지 알다가도 모를 일이다. 다시 원점으로 돌아온 듯한 기분이 들 것이다.

배려는 그 처음부터 끝까지 상대를 위한 것일 때 진정성을 가질 수 있다. 조금이라도 자기 자신을 생각하는 마음이 섞여 있다면 그것은 이미 배려가 아니다.

상대의 마음이 다칠 것을 염려하고 배려해 매몰차게 거절하지 못한 것이 진정한 배려가 될 수 없는 이유도 바로 여기에 있다. 상대의 마음이 다칠 것을 염려하는 마음도 물론 어느 정도 있었겠지만, 그 마음 안에는 내가 남의 마음을 다치게 한 사람이 되고 싶지 않은 마음도 상당히 섞여 있었을 것이다. 그렇게 자기 자신을 생각하고 염려하는 마음이 작용하는 바람에 진정으로 상대를 생각하고 염려할 수 없었던 것이다.

상대의 신발을 신어볼 마음의 자세가 되어 있는가

내 마음 같지가 않아서…

조금이라도 배려받지 못했다는 서운한 마음이 들 때, 혹은 나의 배려가 상대의 마음에 가닿지 못할 때 자신을 스스로 위안하며 하게 되는 말이다.

하기야 내 입장이 다르고 상대의 입장이 다른데 어찌 처음부터 한마음이었던 것처럼 통할 수가 있겠는가. 당연한 일이기는 하지만 통해도 너무 통하지 않을 때 우리는 그 서운함을 떨쳐버리기 쉽지 않다.

이렇게 서로 다른 마음이 서로에게 가닿지 못할 때 심리상담치료사들이 하는 말이 있다. 바로 상대의 신발을 신어보라Put on his shoes는 것.

나는 배려에도 상대의 신발을 신어보는 것과 같은 마음의 자세가 필요하다고 생각한다.

발은 우리 몸에서 가장 하대 받는 기관 중 하나다. 발이 있어 넘어지지 않고 서 있을 수 있으며, 발이 있어 언제든 가고 싶은 곳으로 갈 수도 있는데도 발은 늘 마지못한 취급을 받는다. 씻을 때도 발은 맨 마지막으로 씻고, 옷을 차려입을 때도 양말은 맨 나중에

허겁지겁 서둘러 신게 된다.

자연히 누군가를 만났을 때도 상대의 발까지 시선이 가는 일은 거의 없다. 설령 있다 하더라도 그것은 거의 맨 마지막 순간에 이른 다음일 것이다. 그런 발을 감싸고 온갖 지저분한 곳을 헤집고 다니는 신발은 더 말할 것도 없을 것이다.

이렇게 늘 맨 마지막 순간에야 겨우 시선이 가는 상대의 신발에 기꺼이 내 발을 넣고 신어볼 때 비로소 우리는 상대의 마음을 조금이나마 읽게 된다. 그 신발이 꼭 끼는지 헐거운지, 발뒤꿈치를 패이게 하는지 새끼발가락을 압박하는지, 바닥은 평평한지, 울퉁불퉁한지, 그 안이 보송보송 잘 말랐는지 물에 젖어 축축한지를 말이다. 그래야 상대의 불편이 무엇인지 알게 되고, 그래야 그에게 지금 당장 필요한 것이 무엇인지를 알게 되어 진정한 배려를 할 수 있게 되는 것이다.

상대의 신발을 신어본다는 것은 입장을 바꾸어 생각해본다는 것과 비슷한 의미다.

상대의 입장이 되어 생각해보는 것, 언뜻 생각하기에는 어렵지 않은 일인 것 같지만, 사실은 참 어려운 일이다. 나는 나고, 상대는 상대인데 어떻게 상대의 입장이 되어서 생각을 한단 말인가. 설령 어렵사리 상대의 마음을 헤아려 그 입장이 되어본들 여전히 버릴 수 없는 내 입장이 있는 한 완벽하게 상대의 입장에서 생각한다는 것은 불가능하다.

우리는 모두 지금껏 수없이 입장을 바꾸어 생각한다고 말은 했지만 실제로는 상대의 상황을 내 입장에서 바라본 것에 불과했던 것인지도 모른다. 배려를 한다고 생각하고 있었지만 상대보다 앞서 자기 자신을 생각하고 염려하느라 자기 자신을 위한 것이 상대를 위한 것이라는 착각 속에 살았던 것인지도 모른다. 입장을 바꾸어 생각한다는 것은 위선에 가깝다.

상대의 입장에서 생각해야 할 때마다 우리는 수없이 자신에게 반문해보아야 한다. 지금 정말 나 자신의 입장을 배제하고 상대의 입장이 되어 있는 것이 맞는지 말이다. 그리고 누군가를 배려하고자 할 때마다 다시 한 번 생각해보아야 한다. 지금 나는 그 누군가를 위해 배려하고 있는 것이 분명한지 말이다. 그렇게 하지 않으면 우리는 언제든 자기 자신의 입장에 상대의 상황을 억지로 끼워 맞추면서도 그것이 상대의 입장에서 생각하고 있는 것이라는 착각을 할 수 있다. 그리고 결국 내 마음 편하기 위한 선택을 하면서도 그것이 상대를 배려하는 것이라는 자만에 사로잡힐 수 있다.

하물며 이렇게 상대의 입장에 되어보려고 부단히 노력하고, 상대를 배려하기 위해 마음을 쓰는데도 우리의 본성이 그것을 이토록 방해하는데 만약 그 노력조차 하지 않는다면 어떻게 될까?

인간이란 이렇게 모순투성이인 데다가 편협하기 짝이 없는 존재다. 그래서 허점도 많고 실수도 잦다.

그럼에도 불구하고 상대의 신발을 신어본다는 마음으로 상대와 입장을 바꾸어 생각해보려고 노력하는 것이야말로 가장 성숙한 삶의 태도일 것이다.

그러고 보니 배병우 작가는 그날 우리 CICI 회원 30여 명을 위해 비에 젖은 우리의 신발을 신어보았던 모양이다.

정곡을 피해 가는 유머와 재치도 배려다

지난 2009년 선종善終할 때까지 한국 사회에서 가장 존경받는 정신적인 지도자이며, 사상가이자 실천가였던 김수환 추기경. 이웃을 네 몸과 같이 사랑하라는 가톨릭 정신을 그 누구보다 앞장서 실천하는 추기경이었기에 그 분의 남다른 배려에 대해서는 새삼스럽게 거론할 것이 아니기는 하다. 하지만 나는 아주 오래전 조금 부끄러운 일화로 그분의 깊은 배려에 감동을 한 적이 있다.

내가 프랑스에 체류할 당시, 김수환 추기경은 기아방지개발촉진위원회에서 주관하는 종교회의에 참석하기 위해 프랑스를 방문했다. 회의가 열린 나흘 동안 나는 김수환 추기경의 통역을 맡았는데, 사실 추기경은 통역이 필요하지 않을 정도로 뛰어난 외국어 실력을 갖추고 있었다. 추기경은 젊은 시절 대학을 다녔던 두 나라의 언어인 일본어와 독일어는 물론 이탈리아어, 라틴어, 프랑스어, 영어로 자유로이 의사소통할 수 있었다. 그럼에도 불구하고 통역을 맡은 나를 존중하고 배려하는 차원에서 프랑스어만큼은 꼭 통역인 나를 통해서 소통하셨다. 역시 종교를 초월해 모든 한국 사람이 그분을 존경하고 따르는 데에는 다 그만한 이유가 있었구나 하는 생각이 들었다.

추기경과 나흘간의 일정을 함께 하면서 나는 또 쓸데없는 호기심이 발동했다. 추기경이 나흘 내내 검은색 옷을 입으셨기 때문이다. 그때까지 한 번도 성당에 가본 적이 없었던 나는 그 검은색 옷이 사제들의 일상복이라는 사실을 알지 못하고 참으로 어처구니없는 질문을 하고야 말았다.

"추기경님, 매일 이렇게 검은색 옷만 입자면 지루하지 않으세요?"

추기경은 내 이 어리석은 질문에 조금도 당황하지 않으시고 이렇게 말씀하셨다.

"그러고 보니 내가 매일 같은 옷을 입었네요. 그런데 최 양은 혹시 종교가 있나요? 한국에 오면 일요일에 명동성당에 한번 꼭 오세요. 최 양이 온다고만 하면 내가 최 양이 아주 좋아할 예쁜 색 옷을 꼭 입고 있지요. 매주 오시면 매주 다른 색 옷을 입을 수도 있답니다."

나는 추기경이 그저 농담하시는 것이라고만 생각했다. 그래서 추기경이 공식적으로는 빨간색 수단을 입는다는 것을, 그리고 미사를 집전할 때는 각 시기별로 흰색, 초록색, 보라색 등 더 다양한 색의 제의를 입는다는 것을 알게 된 것은 그로부터 한참이 지난 후였다.

그 사실을 알고 나 혼자서 얼마나 부끄러워했던지 지금도 그 생각만 하면 얼굴이 달아오른다. 한국 가톨릭의 최고 수장이신 추기경의 통역을 맡았던 내가 가톨릭에 대한 기본적인 이해도 없이 추기경을 만났다니!

그날 나의 실수는 김수환 추기경과 나만 아는 비밀로 영원히 덮을 수도 있었지만 나는 이 일이 두고두고 부끄럽고 죄송해서 기회가 있을 때마다 이야기하게 된다.

배려는 상대를 위해 마음을 쓰는 일이다. 그리고 마음을 쓰는 데에도 다양한 방법이 있을 것이다. 나의 감추고 싶은 실수로 얼룩진 김수환 추기경과의 일화는 남을 배려할 때는 적당한 유머와 재치도 필요하다는 것을 알려주었다.

만약 그날 추기경이 그런 유머와 재치를 발휘하지 않았더라면 아무리 정중하게 말씀을 하셨더라도 나는 상당히 무안했을 것이다. 그리고 통역사로서 충분한 사전 준비를 하지 못했다는 자책이 지금의 몇 배는 되었을 것이다. 하지만 추기경의 유머와 재치는 따뜻한 배려의 방패막이가 되어 내 충격을 대신 흡수해주었고, 그래서 나는 조금 덜 무안하고 조금 덜 자책할 수 있었다. 그리고 그날의 경험은 나로 하여금 진정한 배려가 무엇인지를 알려주는 소중한 교훈을 남겼다.

배려를 강요하는 시대

> 남에게 대접받고 싶은 만큼 남을 대접하라
>
> Do as you would be done by.

상대에게 배려받기를 원한다면 적어도 그만큼 나도 상대를 배려해야 한다는 의미의 성경 구절이다. 그런데 요즘은 어찌 된 일인지 배려를 할 줄은 모르면서 배려받고 싶은 마음만 큰 사람들이 너무 많다.

사실 배려란 상대가 나에게 해주면 고마운 것이지만 내 입장에서 강요할 수 있는 것은 아니다. 하지만 요즘은 상대에게 배려해 달라고 대놓고 요구하는 사람들도 있다. 상대의 배려에 감사하기는커녕 그것이 매우 당연한 자신의 권리라도 되는 양 행동하기도 한다. 심지어는 자신이 기대한 만큼의 배려가 없으면 화를 내기까지 한다.

상대를 배려하는 것도, 상대의 배려에 대해 감사할 줄 아는 것도 다 염치와 관련된 것이다. 그리고 한국 사람들은 원래 염치를 아는 것을 가장 큰 미덕으로 생각해왔다. 그런데 어느 순간 한국 사람들에게서 그 미덕이 사라졌다. 그와 동시에 염치를 모르는 사람들이 점차 늘어나고 있다. 그 결과가 바로 배려할 줄은 모르고 배려받기만을 원하는 모습으로 나타나고 있는 것이다.

바로 그런 사람들에게 '남에게 대접받고 싶은 만큼 남을 대접하라'는 성경 구절은 반드시 기억해야 할 금언金言이 될 것이다. 그리고 최소한의 염치는 알지만 그래도 여전히 배려받고 싶은 마음이 있는 대다수의 평범한 우리에게도 이것은 반드시 머릿속에 그리고 가슴속에 새겨둬야 할 말이다.

무엇이든 다 마찬가지가 아니었던가. 원하는 것이 있을 때는 언제나 내가 먼저 상대에게 내주어야 한다는 것 말이다.

약속은 반드시 지키는 습관,
세상에서 가장 쉬운 배려

약속을 지키는 것은 우리가 상대에게 할 수 있는 가장 손쉬운 배려라고 나는 생각한다. 이 기본적인 배려조차 할 수 없는 사람이라면 더는 기대하고 말고 할 것도 없을 것이다.

하지만 살다 보면 본의 아니게 약속을 지키지 못할 일이 종종 벌어지곤 한다. 흔한 시간 약속조차도 지킬 수 없도록 하는 변수도 얼마든 생기는 것이 세상살이다.

딱 알맞은 시간 여유를 두고 집을 나서려고 했지만, 자동차 키를 어디에 두었는지 몰라 찾느라고, 휴대전화기를 두고 나오는 바람에, 엘리베이터가 꼭대기 층에 올라가 있어서, 핸드브레이크를 풀지 않고 이중주차를 한 차가 내 차를 가로막고 있어서, 하필 사거리에서 접촉사고가 나서 등등.

따지고 보면 약속을 어길 수밖에 없는 피치 못할 사정은 약속을 지켜야 할 이유 보다 훨씬 더 많다. 이 모든 피치 못할 사정에도 불구하고 반드시 약속을 지켜야 하는 이유는 오직 하나뿐이다. 약속했기 때문이다.

약속을 어길 수밖에 없는 핑곗거리를 대자면 한도 끝도 없다. 물론 충분히 이해하고 납득할만한 핑곗거리만도 말이다. 하지만 느닷없이 일방적인 약속 파기를 전달받게 되는 사람의 황망한 심정을 조금이라도 헤아린다면 약속을 그렇게 쉽게 어길 생각은 절대로 하지 못할 것이다.

CICI에서 주최하는 행사에는 수많은 게스트들이 참석을 한다. 게스트를 초청하고 이들의 참석 여부를 마지막까지 확인하고 확인하는 것은 매우 중요한 업무이다. 참석하기로 한 게스트가 불참했을 경우, 불참을 통보한 게스트가 갑자기 마음이 바뀌어 임의로 참석을 한 경우 발생할 혼란을 최소화하기 위해서는 그 방법밖에 없기 때문이다.

그런데 워낙 유명한 인사들이다 보니 갑자기 일정이 바뀌는 일이 비일비재하다. 그런데 그중에서도 큰 감동을 준 게스트가 있었으니 그 주인공은 바로 영화배우 박중훈이다.

행사 바로 전날 박중훈 씨로부터 전화가 왔다. 전화기 너머로 들리는 그의 목소리를 듣자마자 나는 이미 그가 불참을 통보하려고 전화한 것이라는 감을 잡았다. 지독한 감기에 걸렸는지 목소리가 잠겨서 엉망이었기 때문이다. 다른 것도 아니고 몸이 아파서 못 오게 된 것을 어쩌랴 하는 마음에 기대를 접고 통화를 하는데 그의 말이 예상을 빗나갔다. 행사에는 참석하겠지만 몸이 영 안 좋으면 행사 중간에 나올 수도 있어 미리 양해를 구하려고 전화를 했다는 것이었다.

반가운 마음 반 걱정스러운 마음 반으로 그런 몸으로 정말 행사에 참석할 수 있겠냐고 묻자 그의 대답이 참으로 유쾌했다. 약속은 반드시 지킨다는 것! 그의 오랜 습관이자 자기 자신과의 약속이라고 했다. 그리고 그는 거듭 미안하다며 양해를 구했다.

'약속은 반드시 지킨다'던 국민배우 박중훈의 감기 든 목소리가 아직도 귓가에 생생하게 남아 있다. 아마 앞으로도 영원히 그 목소리를 잊지 못할 것 같다. 그리고 나는 앞으로 적어도 영화배우 박중훈과의 약속은 절대로 어길 수 없을 것이다. 무슨 일이 있어도 지켜야 할 것이다. 최소한 그가 나를 배려하고 대접했던 만큼 나도 그를 배려하고 대접하려면 말이다.

Choi's Ritual 05

나이와 지위는 입국신고서를 쓸 때만 생각한다

젊은 사람들 앞에서 가끔씩 투명인간이 되어주는 것,
나이든 사람이기에 가능한 배려다

어느 날 우연히 거울 속에 비춰진
내 모습을 바라보면서 세월아 비켜라
내 나이가 어때서
사랑하기 딱 좋은 나인데

내가 젊었을 때는 금과 은이라는 듀엣으로 활동했던 가수 오승근의 노래 <내 나이가 어때서>의 노랫말이다. 더이상 자신이 젊지 않다는 자각을 한 사람이라면 이 노랫말이 절대 예사롭게 들리지 않았을 것이다. 나 또한 이 노래의 제목에서부터 가슴에 확 와 닿는 무엇인가를 느꼈던 것 같다.

나이는 숫자에 불과하다며 누구나 나이를 잊고 살고 싶어 하지만 사실 내 나이를 가장 의식하는 사람은 자기 자신이다. 그래서 적어도 나잇값은 하고 살아야겠다는 생각도 하게 되는 것이다.

나잇값은 하면서도 나이라는 걸림돌에 스스로 발을 걸지는 않는 것. 사실 생각처럼 만만한 일이 아니다. 제 딴에는 나이를 의식하지 않겠다고 젊은 사람들과도 격의 없이 지내다 보면 자칫 나잇값을 못 한다는 소리를 듣게 된다. 점잖지 못하다거나 연장자답지 못하다는 것이다.

그러다 보니 어쩔 수 없이(?) 나이를 어느 정도는 의식하게 되고, 나이를 의식하는 순간 연륜과 경험을 내세워 젊은 사람들에게 어쭙잖은 충고도 하게 되는 것이다. 그리고 충고를 하는 것과 동시에 그토록 싫어하던 권위를 내세우게 되고야 만다.

나이가 들수록 자신의 나이와 지위에 얽매이게 되는 사람들의 대표적인 부류는 아마도 대학교수일 것이다. 평생 가르치고 지시하는 일을 했으니 일면 어쩔 수 없는 노릇이기도 하다. 하지만 일찍이 미국의 자연주의 사상가 소로우Henry David Thoreau가 말했던 것처럼 '나이를 먹으면 얻는 것 보다는 잃는 것이 많은 법'이다. 그러니 단지 연륜이 있다는 것만으로 젊은 사람들에게 좋은 가르침을 줄 수 있다는 생각을 버려야 한다. 그래서 나는 입국신고서를 쓸 때를 제외하고는 내 나이와 지위를 생각하지 않으려고 애쓴다. 사실 그때가 아니고서는 딱히 그것을 기억해야 할 때가 없기도 하다.

물론 연륜 있는 연장자로서 후배들의 실수와 시행착오가 안타까울 때도 많다. 하지만 돌이켜보면 나 역시 똑같은 실수와 시행착오를 하면서 지금 이 자리에 온 것이 아닌가. 후배들은 나와 같은 후회를 하지 않기를 바라는 마음, 지금 알고 있는 것을 그때도 알았더라면 하는 안타까움이 있는 것도 사실이다. 하지만 지금 알고 있는 것을 그때는 절대로 알 수 없는 것 또한 지난 한 세월 동안 우리 인류가 반복해온 역사다. 어쩔 수 없이 지금에 이르러서야 비로소 깨닫게 되는 삶의 지혜도 있는 법이다.

그래도 후배들의 삶이 나보다는 탄탄대로이기를 바라는 마음이라면, 조금이나마 실수와 시행착오를 덜 하기를, 그렇지 않아도 먼 길을 너무 빙 돌아가지 않기를 바라 마지않는 애정이 있다면 따끔한 충고와 지적보다는 따뜻한 격려로 자신감을 북돋워 주는 게 어떨까?

늘 말하지만, 통역사는 있으면서도 없는듯 투명인간 같은 존재다. 일의 진행을 위해서는 반드시 필요한 가교 역할을 하지만 통역사가 도드라져서는 안 되기 때문이다. 그래서 통역사는 남들이 정장을 하면 함께 정장을 하고, 남들이 이브닝 드레스를 입는 자리에서는 함께 이브닝 드레스도 입어야 한다.

나는 내 다양한 경험과 연륜으로 혹시 젊은 사람들에게 도움을 줄 수 있다면 그들에게도 기꺼이 이 투명인간의 역할을 자처해야 한다고 생각한다. 이것이야말로 바로 나이 든 사람이 젊은 사람들에게 할 수 있는 배려이자 권위를 내세우지 않고도 나잇값을 할 수 있는 비결이기 때문이다.

창조성
Creativity

행동하지 않으면 아무 소용도 없고
결국 아무것도 아닌 것

나는 하루도 빠짐없이 글을 써야 한다.
성공적인 작품을 쓰기 위해서가 아니라
일상의 습관을 버리지 않기 위해서이다.

레프 니콜라예비치 톨스토이Lev Nikolaevich Tolstoy

커다란 트레일러가 아름드리 원목을 가득 싣고 벌목장을 떠났다. 일단 시내에 있는 목재소로 옮겨 손질한 다음 건축 현장으로 보내려는 것이다.

그런데 한참을 달리던 트레일러가 갑자기 속도를 늦추더니 중간에 멈춰 섰다. 터널 바로 앞이었다. 운전석에서 한 남자가 뛰어내려 트레일러의 주변을 빙빙 돌며 터널의 높이와 트레일러의 높이를 눈대중하기 시작했다. 고개를 갸우뚱거리며 한참이나 이리 재보고 저리 재보던 남자는 이내 낙심하는 표정이 역력해졌다.

아슬아슬한 차이로 트레일러의 높이가 터널의 높이를 넘고 있었던 것이다. 맨 위에 실은 나무 한두 채만 내려도 지나갈 수 있을 것 같았지만 혼자 힘으로 아름드리 원목을, 그것도 두 채씩이나 내린다는 것은 불가능한 일. 꼼짝없이 다시 벌목장으로 돌아가 인부들과 함께 원목을 내려놓고 와야 할 판이었다. 벌목장은 터널에서부터 한 시간 남짓 떨어진 거리에 있었다. 원목을 내려놓고 다시 돌아오자면 두 시간 가까이 시간을 허비하는 꼴이 된다.

있는 대로 짜증이 난 남자는 애꿎은 트레일러 타이어를 발로 뻥뻥 차대며 화풀이를 했다. 바로 그때, 터널 옆 풀숲에서 놀고 있던 소년 한 명이 나타나 이렇게 말했다.

"아저씨! 타이어 공기를 조금씩 빼면 지나갈 수도 있겠는데요?"

학창 시절 영어 공부를 위해 탐독했던 영어판 리더스 다이제스트Reader's Digest에 소개되었던 이야기다. 균열이 시작된 댐의 틈새를 팔뚝으로 틀어막아 댐이 무너지는 대형 참사를 온몸으로 막아냈다는 네덜란드 소년의 이야기처럼 실화인지 아닌지 알 수는 없지만 의외의 발상으로 상식을 뒤집은 이 소년의 이야기가 참 오랫동안 내 기억에 남아 있다.

글로벌 리더의 필수조건으로 창조성이 자주 거론되자 우리 사회도 예외 없이 이를 강조하기 시작했다. 사회 각 분야에서 창조성 높은 인재를 선호하기 시작했고, 입사 시험은 물론 입시에서까지 그 창조성을 가늠하는 평가 기준을 내놓았다.

하지만 창조성을 평가한다는 것은 어불성설語不成說이다. 지금껏 그 누구도 하지 않았던 사고를 하고 이를 실천에 옮길 수 있는 힘이 창조성인데 도대체 이를 평가하는 기준이 어디에 있단 말인가. 그런데 초·중·고등학생을 대상으로 창조성을 키워주는 사교육 프로그램까지 성행하고 있다니 교육자의 한 사람으로서 참담한 기분까지 든다.

창조에는 정답이 없다

정답이 없는 논술 시험, 바칼로레아Baccalaureate에 대해서 들어본 적이 있을 것이다.

바칼로레아는 1808년 나폴레옹 시대로부터 현재까지 200년 이상 유지되고 있는 프랑스의 유서 깊은 대학 입학 자격시험의 이름이다. 인문학, 사회과학, 자연과학을 세분해서 총 여덟 과목에 대한 시험이 있는데, 프랑스에서 대학에 진학하려면 공통 과목과 더불어 자신의 전공분야에 따른 추가 과목을 선택해서 반드시 이 시험을 치러야만 한다. 이 시험에만 합격하면 대학 위의 대학이라는 그랑제꼴을 제외한 프랑스 모든 대학에 별도의 시험

없이 지원할 수 있는 자격이 주어진다는 점에서는 우리나라의 대입 수학능력평가와 비슷한 개념이라 할 수 있다.

하지만 이 밖의 모든 면에서 우리나라의 대입 수학능력평가와는 사뭇 다르다. 우선 우리나라 대입 수학능력평가는 고등학교 교육 과정을 모두 이수한 사람이라면 누구나 응시할 수 있는 데 비해 대입 관문인 동시에 고등학교 졸업자격시험인 바칼로레아는 중고등학교 과정을 거치는 동안 50% 이상이 이 시험에 응시할 자격을 잃게 된다. 그럼에도 불구하고 이 시험의 합격률은 매년 80% 선에 불과하다. 고등학교 교육 과정을 마친 사람 중 절반에 못 미치는 인원이 시험을 볼 수 있고, 그중에서도 절반 정도만이 시험에 합격한다.

대학 가기 어렵기는 우리나라도 둘째가라면 서러운 상황이지만 이쯤 되면 우린 명함도 못 내밀겠다는 생각이 든다. 게다가 실제 구사력을 평가하기 위해 구두시험으로 치러지는 외국어 시험을 제외하고는 논술형 시험이라니 아직도 객관식 문제가 주류를 이루고 있는 우리의 시험과는 달라도 한참 다르다.

더욱 놀라운 것은 이 중 가장 비중이 높은 과목이 철학 시험이라는 것. 철학 시험은 세 개의 논제 중 한 개를 선택해 4시간 동안 논문을 작성해야 하는데, 이 논제는 프랑스 지성을 가늠하는 잣대로 인식되며 매년 엄청난 사회적 이슈가 된다. 긴 설명도, 지문도 없다. 각 문항은 다음과 같이 단 한 줄의 문장으로 이루어진 질문뿐이다.

> 모든 사람을 존중해야 하는가?
> 예술이 없다면 아름다움에 대해서 이야기할 수 있는가?
> 자유롭다는 것은 아무런 방해도 받지 않는다는 것을 의미하는가?
> '나는 누구인가'라는 질문에는 정확한 답이 가능한가?
> 우리는 행복해지기 위해 사는가?

바칼로레아 시험 다음 날이 되면 프랑스 곳곳에서는 그야말로 진풍경이 연출된다. 레스토랑이며 카페테리아며 거리며 공원이며 할 것 없이, 심지어 각 가정에서까지 서너 명 이상만 모이면 그해의 철학 시험 논제에 대해 열띤 토론을 벌이는 것이다. 심지어는 프랑스 각 언론매체와 사회단체들이 유명인사와 일반 시민들을 모아놓고 이를 주제로 토론회를 열 정도다.

그런데 바로 이 시험에 정답이 없단다. 위의 문제를 다시 읽고 곰곰이 생각해보면 정답이 없을 수밖에 없기도 하겠다. 바칼로레아 철학 시험은 어떤 결론을 내리든 그 결론에 이르는 과정이 논리적이고, 근거가 타당하여 설득력이 있다면 점수를 받게 된다. 우리로서는 도무지 상상조차 할 수 없는 시험 형태가 아닌가.

그러니 프랑스 유학 초기 프랑스어 실력도 문제지만 분석력이 떨어져서 도저히 수업을 따라갈 수 없을 것이라던 나에 대한 평가는 너무도 당연했다. 그때까지 나는 어떤 문제에 대해 교과서와 참고서에 나와 있는 정답만을 공부했을 뿐 정작 그것에 대한 나만의 '생각'을 해본 일이 거의 없었기 때문이다.

정답은 없지만 매년 6월 일주일간 프랑스 전 국민이 자발적으로 참여하는 시험, 정답이 아닌 자신만의 생각을 확인하는 시험 바칼로레아. 나는 이 시험이 프랑스의 창조성을 만들어가는 가장 큰 힘이 아닐까 하는 생각을 해본다.

창조성에는 답이 없다는 이야기를 하려다 보니 이야기가 프랑스 예찬으로 흘러간 것 같은 느낌이 든다. 하지만 바칼로레아만큼은 우리나라가 아니 전 세계가 인정할 수밖에 없는 창조성의 기반이며 산실이라는 것이 내 생각이다.

정답만을 쓰도록 하는 우리나라의 대학수학능력평가와 프랑스의 바칼로레아.

몹시 애석한 일이지만 우리 사회는 학창 시절에는 여전히 생각을 펼쳐 논리를 세우는 훈련도 교육도 받기가 힘들다. 이 점은 교육자의 한 사람으로서 심각하게 책임감을 느끼고 있는 부분이기도 하다.

그럼에도 불구하고 세상은 점점 더 강도 높은 창조성을 요구하고, 무한 경쟁의 시대를 살아남기 위한 보다 더 창조적인 생존 전략이 필요하다. 정말이지 큰일이다. 하지만 그나마 다행스러운 일은 스무 살이 넘도록 창조성을 키울 수 있는 교육 환경을 제공받지 못했던 한국 사람들이지만 세계무대에서 창조성을 겨룰 수 있는 위치까지 올라간 이들 또한 한둘이 아니라는 것이다. 아마도 우리는 교육이나 환경쯤은 얼마든 극복할 수 있는 강력한 창조성 DNA를 타고 난 모양이다.

위대한 창조자들의 위대한 습관

도대체 창조성이란 무엇일까?

창조성이 있고 없음을 판단할 수 있는 기준이란 또 무엇일까?

이 물음에 대해 명쾌한 대답을 할 수 있는 사람은 아무도 없다. 따라서 창조성을 키우기 위해서는 어떤 노력을 기울여야 할지에 대해서도 딱 부러지게 묘안을 제시할 길도 없다. 나 역시 마찬가지다. 하지만 창조적인 삶을 살았던 사람과 그렇지 않은 사람을 비교하는 것을 통해 창조성의 습관은 무엇인지 짐작해볼 수는 있지 않을까?

프랑스 유학 시절 재불 화가 방혜자 씨의 집으로 초대를 받은 적이 있었다. 방혜자 화백은 1961년 프랑스로 건너가 지금까지도 프랑스를 근거지로 미술 활동을 하고 있는 한국 추상화 제1세대이다. 그러다 보니 방 화백은 당시 유학생활의 고단함을 그 누구보다 마음 깊이 헤아렸던 것 같다. 따뜻한 밥 한 끼, 향수를 달랠 고국의 맛을 선사하고자 생면부지의 유학생을 집으로 초대하신 것이었다.

만일 프랑스어를 알지 못했다면 화가가 되었을 것이라고 말할 정도로 미술에 대한 관심이 많았던 나는 평소 화가에 대해 궁금했던 점을 질문으로 쏟아내기 시작했다.

"선생님! 화가들은 영감이 떠오르면 식사 중에도 밥을 먹다 말고 즉시 캔버스 앞으로 달려가 그림을 그리나요? 선생님은 언제, 어떤 때에 가장 영감이 잘 떠오르나요?"

그러자 방혜자 화백은 그 온화하고 포근한 미소를 보이며 이렇게 말씀하셨다.

"글쎄요. 저는 별 재주가 없어서 그런지 영감이 떠오를 때가 별로 없어요. 그냥 아침부터 저녁까지, 햇빛이 비추고 있는 동안은 붓을 들고 있지요. 영감이 떠오르든 떠오르지 않든 꾸준히 그려요. 그렇게 계속 그리다 보면 뭔가 떠오를 때도 가끔은 있지만..."

나는 정말이지 화들짝 놀랐다.

방혜자 화백은 원래 시인을 꿈꾸었던 분이다. 그런 그녀가 여고 시절 서울 자하문 세검정 부근에서 풍경화를 그리는 것을 본 미술 선생님이 자신이 15년 동안이나 연구한 것을 그녀는 이미 터득했다고 극찬하는 바람에 화가의 꿈을 가지게 되었다는 방혜자 화백이 아니었던가. 나는 그녀가 미술에 대한 천재적인 재능을 가지고 있어서 가만히 있어도 수시로 창조의 영감이 떠오를 것으로 생각했다. 그래서 그것이 일상생활 중에 불쑥불쑥 떠오르면 어떻게 그 영감을 붙잡아두나 하는 단순한 호기심에서 그런 질문을 했던 것이다. 하지만 내 생각은 완전히 빗나가고 말았다. 이제 팔순을 바라보는 그녀는 지금도 그렇게 수행하듯 창작 활동을 한다고 전해진다.

사실 외국어 실력이 향상하는 방법도 이와 비슷하긴 하다. 영감이 떠오르든 떠오르지 않든 매일 매일 수행하는 마음으로 창작활동을 반복하는 예술가처럼 실력이 늘든 늘지 않든 매일 매일 수행하듯 반복하는 것만이 유일한 외국어 숙달의 지름길-사실상 지름길은 없다-이기 때문이다.

들리지 않더라도 들릴 때까지 듣고, 쉽사리 말이 나오지 않더라도 읽고 또 읽고, 외우고 외우는 것 이외에는 달리 무슨 방법이 있겠는가. 두 눈 딱 감고 하루 30분씩, 딱 일 년만 이 수행을 반복한다면 기적처럼 귀가 뚫리고, 말문이 열리고, 눈이 트이게 될 것이다. 외국어 실력이란 결국 수없는 반복으로 듣고, 말하고, 읽게 되는 것이 아닌가. 일 년, 이 년, 그 시간이 계속 쌓이면 언젠가는 몸에 배어 모국어처럼 조건반사적으로 튀어나오는 날도 반드시 올 것이다.

지금 이런 말을 난생처음 듣는다는 사람은 아마도 없을 것이다. 하루에 30분 시간을 내는 것이 불가능한 사람도 없다. 일 년이라는 시간, 길다고 하면 긴 시간이기도 하지만 영어 혹은 외국어 때문에 골머리를 앓았던 지난날에 비하면 눈 깜짝할 사이라고 느껴질 것이다.

지금부터 당장 이 방법을 실천에 옮기는 사람과 그렇게 하지 못하는 사람. 그 차이가 영원한 외국어 실력 차로 남아 소통의 즐거움을 만끽하는 사람과 불통의 답답함을 호소하는 사람으로 나뉘는 것이다.

단 한 페이지라도 매일 쓰는 것이 중요합니다. 무엇이든 생각나는 대로 적어야 해요. 이게 과연 괜찮은 이야기인가 아닌가 하는 따위의 의심은 던져버리고 그냥 써 나갑니다. 그러다 보면 그중 어떤 하나의 이야기가 알아서 자라는 것이 보이죠. 마당에 씨를 뿌리면 어떤 것은 그냥 죽어버려도 또 어떤 것에서는 싹이 나고 꽃이 피기도 하잖아요. 글쓰기란 그런 것이죠.

<개미>, <뇌> 등 기발한 상상력과 독특한 소재로 소설을 쓰는 작가 베르나르 베르베르Bernard Werber에게 '천재 작가의 글쓰기 습관'에 관해 묻자 그는 이렇게 대답했다고 한다. 어쩌면 이렇게 방혜자 화백과 똑 닮았을까 싶다.

우리는 흔히 일상생활을 영위하기 위해 어쩔 수 없이 해야만 하는 일에 치여 창조적인 상상력을 마음껏 펼칠 수 없다는 푸념을 한다. 그래서 어떤 창조적인 일을 하려면 직장부터 그만두어야 한다고 생각하곤 한다. 특히 학창 시절 창작활동을 꿈꾸었던 이들 중에는 자기가 꿈꾸는 일을 할 수 없게 된 이유가 돈을 벌어야 하기 때문이라고 말하는 이들이 대부분이다. 지금 당장은 그럴 수가 없으니 모든 것은 '이다음에' 혹은 '로또라도 당첨이 된다면' 이후로 미루기 일쑤다. 하지만 그 옹색한 변명을 당장 거둘 수밖에 없는 사례가 하나 있다.

그 주인공은 바로 영국의 소설가 앤서니 트롤럽Anthony Trollope이다. 그는 19세기 중엽 영국 사회를 냉정하면서도 정확하게 묘사한 연작소설 <바셋주 이야기>의 저자로 대중적으로도 크게 성공한 작가다. 하지만 그 대중성에 가려 오히려 문학성은 올바른 평가를 받지 못하다가 근래에 이르러 재평가되고 있는 작가이기도 하다.

그는 33년간 영국 중앙우체국의 공무원으로 재직했는데 그 기간에도 12편이 넘는 소설을 발표했다고 한다.

그는 매일 아침 5시 30분에 일어나 글을 쓰기 시작해서 아침 식사가 준비되는 8시 30분까지 세 시간 동안 기계적으로 글을 쓰고 출근을 했다고 한다. 어느 정도로 기계적이었는가 하면 책상에 손목시계를 놓아두고 15분에 250단어를 쓰려고 노력했으며 마침내 그것을 습관으로 발전시켰다. 앤서니 트롤럽의 창작에 얽힌 유명한 일화 중에는 어느 날 미처 세 시간의 작업 시간을 다 채우기도 전에 한 편의 소설이 완성되자 이내 새로운 소설을 시작해 정해진 시간을 다 채운 다음 우체국으로 출근했다는 믿기 어려운 이야기도 전해진다. 그 정도로 철저하고도 기계적으로 시간을 분할해 사용한 습관 덕분에 그는 하루에 10페이지, 일 년이면 세 권 분량의 소설을 썼고, 그 결과 일생에 총 47편의 장편소설과 16권의 저서를 발표했다. 한 사람의 작가가 평생 창조해낼 수 있는 글이라고는 생각하기 어려운 분량이다.

매일 매일 정해진 시간에 정해진 분량의 창작에 몰두함으로써 명작을 남긴 예술가는 앤서니 트롤럽뿐만이 아니다. 대문호大文豪라는 수식어가 너무나 익숙한 러시아의 사상가이자 작가인 레프 니콜라예비치 톨스토이Lev Nikolaevich Tolstoy. 그의 대표작이자 불후의 명작인 <전쟁과 평화>는 매일 매일 글을 쓰는 일상의 습관을 버리지 않고자 하루도 빠짐없이 글을 쓰는 와중에 탄생한 대작이라고 한다. 이 또한 믿기 어렵지만 사실이다.

나는 개인적으로 또 한 명의 톨스토이를 알고 있다. 블라디미르 톨스토이Vladimir Tolstoy. 대문호 톨스토이의 고손자로 우연히도 그와 이름이 같은 블라디미르 푸틴Vladimir Putin 러시아 대통령의 문화특보이자 톨스토이의 생가가 있는 야스나야 폴랴나Yasnaya Polyana 영지에 건립된 박물관 관장을 역임한 문화통이다. 대문호 톨스토이의 DNA는 고손자인 블라디미르 톨스토이에게까지 면면히 이어져 내려오고 있었다.

행동하지 않으면 창조는 없다

지금까지는 창조성이 절대적으로 요구되는 문화예술 분야에서 말 그대로 창조를 업으로 삼고 있는 사람들의 경우를 이야기했다.

그렇다면 창조성이 부수적으로 요구되는 보통의 평범한 사람들에게 있어서 창조성이란 대체 무엇일까? 우리는 어떻게 해야 창조성의 습관을 몸에 배도록 할 수 있을까?

나는 보다 많은 보통의 사람들에게 창조성이란 결국 행동이라고 생각한다. 행동하지 않으면 창조는 일어나지 않는다. 우리는 신이 아니기 때문이다. '빛이 있으라'고 말하거나 그렇게 생각한다고 해서 빛이 창조되지 않는다는 말이다.

흔히 창조는 아이디어라고 생각하지만, 아이디어는 어디까지나 아이디어일 뿐 창조가 아니다. '구슬이 서 말이라도 꿰어야 보배'라는 말이 괜히 생겼겠는가.

운동화 바닥에 바퀴를 달면 좋겠다는 아이디어를 생각해낸 사람은 수도 없이 많다. 그래서 걷고 싶을 때는 걷고, 롤러스케이트 타듯 미끄러지면서 다니고 싶을 때는 그렇게 할 수 있도록 하겠다는 바로 그 생각 말이다. 아마도 어린 시절 롤러스케이트를 타 본 사람이라면, 무거운 롤러스케이트를 들고 가서 갈아 신어야 하는 번거로움을 겪어 본 사람이라면 누구나 한 번쯤 그런 재미난 상상을 해보았을 것이다. 하지만 그 재미난 상상을 처음으로 행동에 옮긴 사람은 단 한 명! 그 한 명만이 바퀴 달린 운동화를 만들었고, 시쳇말로 대박도 냈다. 그리고 바퀴 달린 운동화가 인기리에 판매되는 것을 본 나머지 사람들은 그때야 무릎을 치며 말했다.

"아! 나는 훨씬 오래전부터 똑같은 생각을 했었는데 말이지!"

그 생각을 누가 먼저 했는가는 그다지 중요하지 않다. 요즘같이 온갖 정보가 넘쳐나는 시대에 생각은 누구나 할 수 있기 때문이다. 참신하고 새로운 생각이라고 예외는 아니다. 이제 하늘 아래 그다지 새로울 것은 별로 없기도 하다. 하지만 누가 먼저 그 생각을 행동에 옮기는가는 중요하다. 그래서 창조란 결국 행동이라는 말이 성립되는 것이다.

반짝이는 아이디어가 곧 창조성은 아니다

창조성의 습관으로 성공한 또 한 사람을 꼽으라면 나는 배우 송승환을 떠올린다.

영원한 국민배우 안성기와 마찬가지로 그도 어린 나이에 연예계에 데뷔해 다양한 작품에 출연했다. 연극, 영화, 드라마 등 다양한 장르에서 뛰어난 연기력을 과시했던 그는 고등학교에 진학하고 얼마 안 되어 홀연 연예계를 떠나 학업에 전념했다.

학창 시절 상당 기간 연예계 활동과 학업을 병행한 그였지만 연예계를 떠나 있던 시기에는 고등학생을 대상으로 한 퀴즈 프로그램 <장학퀴즈>에 출연해 월 장원까지 올라 사람들을 깜짝 놀라게 한 수재였다고 한다. 한국외국어대학교에 입학한 후 다시 연기 활동을 펼치기도 했던 그는 또 다시 변신에 성공, 이번에는 문화기획자로 우리 앞에 나타났다. 그리고 그가 문화기획자로서 우리에게 인정받게 된 첫 작품이 바로 그 유명한 뮤지컬 <난타>다.

<난타>는 누구나 흔히 접하게 되는 일상 속 공간인 주방을 무대로, 네 명의 요리사가 등장해 결혼 피로연을 위한 요리를 하며 벌어지는 소동을 중심으로 진행되는 극이다. 하지만 대사는 단 한 마디도 없고, 오로지 리듬과 비트, 상황만으로 이루어지는 뮤지컬 퍼포먼스다. 물론 배우 송승환이 기획하고 대본까지 쓴 오

리지널 창작극이다.

<난타>가 초연된 때는 1997년. 당시 우리나라 공연계에서 대사 한 마디 없는 비언어적 공연non-verbal performance은 실험 단계의 극으로 여겨지고 있었다. 따라서 <난타>는 우리나라 최초의 비언어적 공연이다. 나는 늘 최초란 어설픔을 의미한다고 말해왔지만, 예외도 있다는 것을 이 <난타>를 통해 알게 되었다.

한국 최초의 비언어적 공연으로서 우리의 고유한 리듬이자 소리인 사물놀이를 피아노, 재즈 등 현대적 공연 양식에 접목한 시도는 매우 독창적이고 매력적이었으며, 그 완성도 또한 완벽에 가까웠다. 그래서 1997년 10월 초연부터 현재까지 한국 공연 사상 최다 관객을 동원했음은 물론 지난 2009년에는 1만 회 공연을 돌파하는 등 한국 공연예술계의 한 획을 그은 작품으로 평가되고 있다.

<난타>는 칼, 도마, 냄비, 프라이팬, 접시 등 우리가 일상적으로 접하게 되는 친숙한 주방 도구를 이용해 강렬하면서도 친숙한 한국의 소리를 만들어낸다. <난타> 이전에 그 누가 주방 도구로 소리와 리듬을 만들어낼 생각을 했겠는가. 또한 <난타>는 관객이 깜짝 전통혼례의 신랑 신부가 되어 무대에 직접 오르는 등 공연에 참여함으로써 스스로 흥을 돋우고 공감하는 공연으로도 한국 공연예술계에 새로운 트렌드를 만들어낸 작품이기도 하다.

전국 곳곳에 마련된 상설 전용관에서 국내 관객은 물론 연간 38만 명의 외국인 관람객을 맞고 있는 <난타>. 한국을 대표하는 공연예술작품이자 문화관광상품으로 롱런하고 있는 뮤지컬 <난타>의 오늘은 배우이자 문화기획자인 송승환 씨의 독창적 창조물이다.

그토록 역동적인 공연을 만든 주인공이지만 그의 평소 모습은 믿기지 않을 정도로 차분하고 과묵했다. 온통 통통 튀는 아이디어와 반짝이는 창조력으로 무장해 말 한 마디 한 마디에 그 창조성이 묻어날 것이라고 예상했던 내 생각과 전혀 다른 모습이었다. 타인에 대한 관심과 호기심이 많아 처음 만나는 사람에게도 선뜻 마음을 여는 나와 달리 그는 상대에게 마음을 여는 데도 꽤 많은 시간이 걸리는 사람이었다.

송승환 씨는 나와 남편이 공동대표로 이끄는 5·4클럽제2장 85쪽 참조 회원으로 두 달에 한 번 정기적으로 만나는데, 최근에 와서야 그가 마음을 활짝 열고 나를 대하고 있다는 것을 느끼게 되었다. 족히 수년은 걸렸던 것 같다. 하지만 그토록 과묵하던 사람이 일단 마음을 열고 나니 얼마나 많은 이야깃거리를 쏟아내던지 지금은 과연 이 사람이 내가 알던 배우 송승환과 같은 사람인지 문득문득 의심할 때도 있다.

그는 그런 사람이었다. 더딘 듯 보이지만 그래서 더 단단한 사람, 단단한 만큼 분명하고 확실한 사람, 책임질 수 있는 사람, 그리고 신뢰할 수 있는 사람이다. 그리고 보이는 모습보다 훨씬 더 깊은 내공의 소유자였다. 그를 보면 스치고 지나가는 모든 생각이 기발하고 획기적인 것만 가지고는 꼭 창조적이라고 판단할 수는 없는 것이 아닐까 하는 생각도 하게 된다.

반짝이는 영감은 아마추어에게나 필요한 것

언젠가 평소 알고 지내던 젊은 작가가 했던 말이 문득 생각난다.

그는 아직까지는 이름을 내걸만한 대단한 작품을 발표한 적이 없는 무명의 작가인데, 어느 날 다소 버거운 주제의 글을 쓰게 되었다고 한다. 종일 낑낑대며 어렵사리 글을 써도 다음 날이 되어 다시 읽어보면 뭔가 부족하다는 생각이 들어 절반 이상을 지워버리게 되는 나날이 연속되었다. 하지만 그런 와중에도 하루하루 마감을 약속한 날은 다가오고 있었으니, 이제 와서 무책임하게 못 쓰겠다고 두 손을 들 수 있는 처지도 아니었던 것.

결국, 아침에 일어나서 늦은 밤 잠자리에 들 때까지 종일 책상 앞에 앉아서 힘겹게 글을 쓰고는, 다음 날 아침 절반쯤 지우고, 또다시 쓰는 일을 반복할 수밖에 없었다. 그런데 신기하게도 마감을 약속한 날에 즈음해 글은 완성되었고, 그에게 그 글을 의뢰

했던 편집자 역시 그 글에 크게 만족하더라는 것이었다. 그리고 그는 이렇게 말했다.

"교수님, 저는 지금까지 제 머리가 글을 쓰고 있는 줄 알았거든요. 머리가 시키는 일을 손가락이 하는 줄 안 거죠. 그런데 이번에 전 제 엉덩이가 글을 쓴다는 걸 알게 됐어요. 어떤 날은 한 단락밖에 못 쓰는 날도 있고, 또 어떤 날은 며칠 동안 쓴 글을 다 삭제하는 날도 있었지만 하루 종일 앉아 있으니까 결국 다 쓰게 되더라고요. 그러니 그 글은 엉덩이로 쓴 거 아니겠어요?"

그 무명작가의 내공은 엉덩이에 쌓여 있었던 것일까?

그는 여전히 이렇다 할 작품을 발표하지는 못한 무명의 작가이지만 나는 그가 그 끈덕진 내공으로 언젠가는 반짝반짝 창조성을 빛내는 작품을 발표할 날이 올 것이라고 믿고, 또 기대한다.

앞서 얘기한 베르나르 베르베르의 데뷔작이자 출세작인 소설 <개미>. 언론학을 공부하고 과학 잡지의 저널리스트로 활동한 그의 이력을 알고는 <개미>라는 독창적 소설의 탄생이 그에게는 특별할 것도 없었다고 여기는 사람이 있을지 모른다. 하지만 베르나르 베르베르는 아주 어렸을 때부터 개미를 관찰하는 취미를 가지고 있었다고 한다. 그러니까 족히 20년 이상 관찰해온 개미에 대한 정보가 그의 창조성을 만나 빛을 발한 것이다.

세상 그 어떤 천재도 저절로 이루는 것은 없다는 결코 불편하지만은 않은 진실. 이 진실이 평소 자신은 천재적이지도 창조적이지도 못하다고 생각하는 수많은 사람에게 반짝이는 아이디어보다 더 반짝이는 희망이 되기를 바란다.

반짝이는 영감은 사실 아마추어에게나 필요한 것일 뿐이다.

그건 그렇고 맨 앞에서 말한 트레일러 운전사는 소년의 말대로 타이어의 공기를 조금씩 빼고 터널을 통과했을까? 아니면 벌목장으로 돌아갔다가 다시 오느라 아까운 두 시간을 허비하고 말았을까?

내 기억에 리더스 다이제스트에는 그 결과에 대한 것까지 씌여있지는 않았던 것 같다. 하지만 추측해보자면 트레일러 운전사가 창조적 사고를 얼마나 수용할 수 있는 사람이냐에 따라 결말은 달라질 수 있을 것 같다.

사실 개개인의 창조성은 우리 사회가 그 창조성을 얼마나 수용할 수 있는가에 따라서도 좌우된다고 할 수 있다. 그렇다면 지금 우리 사회의 창조성 수용 능력은 얼마나 될까? 부디 정답만을 요구하는 대학 수학능력평가 수준보다는 높기를 바라본다.

Choi's Ritual 06

생각이 스치면
바로 행동에 옮긴다

Do it now!

하지 않으면 실패도 없지만 성공도 가능성도 함께 사라진다

나는 어려서부터 생각을 하면 곧바로 실행에 옮겨야 직성이 풀리는 성격이었다.

어떤 때는 생각이 먼저였는지 행동이 먼저였는지 나 자신도 헷갈릴 정도로 나는 머리를 스친 모든 생각을 반드시 행동에 옮겨 보는 유형의 사람이다.

설령 내 생각이 잘못된 것이었다 하더라도 일단 행동에 옮겨 본 다음 되돌아오는 사람이다. 그러다 보니 남들은 미처 생각도 하지 못하는 독창적인 일도 꽤 많이 벌이는 편이다. 참신하다, 독창적이다는 말도 자주 들었다.

물론 절반은 성격이 급한 탓도 있다. 하지만 생각만으로는 죽었다 깨어나도 옳고 그름을 판단할 수 없다는 나름의 철학이 있기도 하다.

우리말 속담에도 '밑져야 본전'이라는 말이 있지 않은가. 뭔가 저지르지 않으면 실패할 염려는 없지만 성공할 가능성도 전무全無이다. 하지만 뭐든 하면 실패할 가능성도 꽤 높아지지만 성공할 가능성도 같이 높아진다는 것이 내 신념이다. 아무것도 하지 않고 실패하지 않는 것보다는 뭐든 해보고 실패도 하고 성공도 하는 것이 남는 장사가 아니겠는가. 그러니 밑져야 본전인 것이다.

나는 모든 면에서 무無보다는 유有가 낫다고 생각한다. 결혼도 바로 그 생각으로 했다. 평생 아무도 없는 혼자보다는 누군가와 함께인 편이 낫다는 생각말이다.

CICI의 설립 또한 생각이 스치자마자 행동에 옮긴 대표적인 일이다.

동도 트기 전 시야가 뿌옇기만 한 인도네시아의 한 사원에서 만난 '히딩크의 나라'에서 온 한 남자가 나에게 "아 유 코리안?"이라고 물었던 것이 2003년 초의 일인데 그 해 6월에 이미 CICI를 설립했으니 가히 빛의 속도라 할만도 하다.

세상만사가 우주의 섭리라면 CICI의 설립 또한 나의 놀라운 추진력만으로 이루어진 것은 아닐 것이다. 사실 그때는 모든 조건과 상황이 그 일을 하기에 아주 적절하게 돌아가고 있었다. 한일 월

드컵 공동 개최로 세계인들의 시선이 집중한 가운데 한국 대표팀이 사상 최초로 4강 진출이라는 쾌거를 이루는 깜짝 쇼가 벌어졌다. 게다가 썩 달가운 일은 아니지만, 그보다 조금 앞서 북핵 문제가 터지는 바람에 한반도에 대한 세계적 관심이 단군 이래 최고조에 달하기도 했던 것. 무슨 일이든 사람들이 관심을 둘 때 시작하면 그만큼 실패할 확률이 낮아진다는 생각으로 밀어붙였다.

CICI는 비영리 공익기관으로 운영 자금을 모을 수 있는 방법에 제한이 크다. 그렇다고 설립자랍시고 큰돈을 운영 자금으로 내놓을 만큼의 재력이 있었던 것도 아니었으니 이제 와서 고백하건대 자금 면에서는 앞뒤 재지 않고 일단 저지른 것이나 다름이 없었다.

그러나 내가 무언가 간절히 원하면 온 우주가 나를 돕는다고 했던가. 어디선가 우주의 부름을 받고 나타난 귀인들이 하나둘 다양한 기부의 형태로 CICI를 돕고 있다. 그중에서도 특히 지난 세월 내가 모교에서 배출한 제자들이 재능기부와 더불어 자신이 근무하는 기업의 후원을 받아주는 것이 큰 힘이 되었다.

그러고 보면 창조성도 결국은 온 우주의 힘이 더해져 발휘되는 모양이다.

자신감

Confidence

내 앞에 굳게 닫힌 문보다는
내 등 뒤에서 활짝 열린 문을 볼 수 있는 눈

나는 유일한 존재이며 그 사실은 변하지 않는다.
모든 것을 할 수는 없어도 무언가는 분명 할 수 있다.

헬렌 켈러Helen Keller

요즘 젊은 사람들은 긴말을 짧게 축약해서 사용하는 감각이 아주 뛰어나다.

언어 사용에 있어 꽤 보수적인 편에 속하는 나도 처음에는 영 생경하기만 하던 젊은 사람들의 축약어가 들을수록 익숙해져서 어느새 거부감이 없어지는 경우도 종종 있다. 물론 반대로 아무리 들어도 익숙해지지 않는 데다가 그 의미조차 영 탐탁하지 않은 경우도 많다. 그 대표적인 경우가 '멘탈mental이 붕괴된다'는 의미의 '멘붕'이다.

마음이, 정신이 붕괴된다 즉 미치고 환장하겠다는 말이다. 살다 보면 정말 미치고 환장할 것 같은 순간이 찾아오기도 할 것이다. 그런데 요즘 젊은 사람들은 유독 그 순간이 자주 찾아오는지

걸핏하면 '멘붕'이다. 운전을 하다가 길을 잘못 들어도 '멘붕', 휴대전화기를 집에 두고 나와도 '멘붕', 과제의 분량이 조금만 과해도, 시험문제가 어려워도 '멘붕', 하루에도 몇 번씩 '멘붕'이란다. 미치고 환장하겠다는 말보다는 훨씬 짧고 간결해서 쓰기 쉬운 탓일까? 멘탈이니 붕괴니 하는 말이 미친다거나 환장한다는 말보다는 표의적으로 훨씬 모호하기 때문에 아무 데나 갖다 붙이기 좋아서일까? 여하튼 아무리 들어도 결코 친해질 수 없는 국적 불명의 남의 나라 말이다.

그런가 하면 처음엔 이게 무슨 소린가 했다가 이내 익숙해진 말도 있다. 그게 바로 '근거 없는 자신감'의 줄임말 '근자감'이다. 아마도 TV를 보다가 얼핏 자막을 보고 '이건 또 무슨 감感이지?' 하는 생각을 했던 것이 첫 대면이었던 것 같다. 자세히 보니 아주 깨알만 한 글씨로 '근거 없는 자신감'이라는 정식 명칭(?)이 함께 적혀 있었다. 왠지 모를 웃음이 피식 새어나오더니 기분이 좋아졌다.

매사에 당당하고 자신감이 넘치는 사람들이 있다. 그 당당함과 자신감의 근거가 분명할 때도 있고, 대체 뭘 믿고 저렇게 자신만만한가 싶을 때도 있다. 하지만 어떤 쪽이든 더 매력적인 사람은 항상 자신감이 넘치는 사람이다. 물론 '근자감'은 거만함의 다른 표현이라고 생각하고 '영 밥맛없게' 여기는 사람도 있겠지만 적어도 내 생각에는 그렇다는 말이다.

외국어 실력을 키우는 데도 이 '근자감'만큼 유용한 것이 없다. 사람들은 자신이 없으면 으레 목소리가 작아진다. 마음은 있는 대로 소리를 지르고 있지만, 그 마음과 달리 목소리는 자꾸만 뱃속으로 기어들어가는 것이다. 하지만 외국어로 말할 때만큼은 자신이 없을수록 더 큰 소리로, 더 당당하게, 더 자신 있게 말해야 한다. 문법이 틀릴 수도 있고, 표현이 잘못되었을 수도 있으니까 더 그래야 한다. 정확한 발음을 모르니까 더욱더 또박또박 큰 소리로 말해야 한다. 그래야만 내가 아무리 '개떡'같이 말을 했어도 상대라도 '찰떡'같이 알아들어 주지 않겠는가. 상대가 원어민이라면 당연히 그렇게 해줄 것이다. 이것이 진정 품격 있는 외국어다.

부족한 점은 넘치는 다른 곳에서 끌어다 채운다

내가 만난 수많은 사람 중에 성공한 사람, 그 성공으로 유명세를 얻은 사람, 그리하여 세상 사람들의 존경을 한몸에 받게 된 사람들은 하나같이 아무 말도 하지 않고, 별다른 행동을 하지 않는데도 불구하고 뭔지 모를 자신감이 머리끝에서부터 발끝까지 묻어난다는 공통점을 가지고 있다.

전 세계 젊은이들이 가장 근무하고 싶은 기업으로 꼽는 미국

기업 구글의 임원인 미키 김Mickey Kim 상무. 그는 내 애제자의 남편이라는 점에서 나와는 아주 특별한 인연이 있는 사람이다.

이제 막 40대에 들어선 그는 어린 시절을 미국에서 보낸 해외파도 아니고-미국 유학 중 부모님이 미키 김 상무를 낳았기 때문에 그의 출생지는 미국이다. 하지만 생후 단 몇 개월 만에 부모님이 공부를 마치고 귀국하는 바람에 미국에서 교육을 받은 적이 없는 그다-, 대학 역시 국내에서 졸업했다. 게다가 전공은 취업이 안 되기로 유명한 역사학. 하지만 대학 졸업 후에는 국내에서는 취업 선호도가 꽤 높은 삼성전자에 입사하기도 했다.

삼성전자에 1년 정도 근무한 다음 미국 버클리대학 경영대학원으로 유학을 떠난 그는 처음부터 구글 입사를 목표로 공부를 시작했다고 한다. 미국에서 나고 자라 교육받은 미국 시민권자들도 들어가기 힘들다는 구글을, 게다가 공학도도 아니고 처음부터 경영학을 공부했던 것도 아닌 그가 어떻게 그런 원대한 포부를 가질 수 있었을까?

언젠가 TV 프로그램에 출연한 그가 자신의 성공 노하우를 밝힌 적이 있다. 적지 않은 나이에 미국으로 유학을 떠나면서 구글 입사라는 확실한 목표를 가지고 집중했던 그답게 성공을 하기 위해 반드시 필요한 것으로 자기가 하고 싶은 일을 정하고, 자신의 목표를 실현하기 위한 자기만의 꿈 설계도를 그려야 한다는 것을 강조했다. 하지만 그보다 먼저 그는 자신에게 부족한 부분은 다른 것으로 채우면 된다는 자신감이 필요하다고 말했다.

앞에서 말했다시피 미키 김 상무의 학부 시절 전공은 역사학이었다. 역사학은 철학과 더불어 인문학의 근간을 이루는 학문으로서 그 자체로는 매우 중요한 학문이지만 학자가 되거나 역사교육자가 되지 않는 한 실용적으로는 크게 힘을 발휘하지 못하는 학문이기도 하다. 그래서 분명 제한적인 부분이 있을 것이라고 생각한 미키 김 상무는 방학 때마다 다양한 분야에서 인턴십을 경험하며 자신의 스펙이 꿈을 향해 확장될 수 있도록 노력했다고 한다. 그는 우리나라 청년들을 향해 절대로 스펙으로 자신을 한정하지 말라는 당부를 했는데, 나 또한 무척 공감할 수 있는 말이었다.

지금 우리 사회는 수많은 청년이 자신의 부족한 스펙을 탓하며 절망하고 있다. 일류 대학 출신이 아니라서, 자신이 하고 싶은 일과 전공이 맞지 않아서, 해외 유학 경험이 없어서, 토익 점수가 낮아서 등등 절망의 이유는 많기도 하다. 하지만 부족한 자신의 처지를 비관만 할 것이 아니라 부족한 점을 다른 넘치는 부분에서 끌어다가 채워보는 것은 어떨까?

미키 김 구글 상무, 아니 청년 김현유가 그랬던 것처럼 말이다.

루저는 없다

축약어는 아니지만 '루저looser'라는 말을 '멘붕'만큼이나 아무렇게나 쓰는 사람들도 있었다. 루저는 영어로 '느슨한', '헐겁게 풀린'이라는 의미에서 파생된 '나사가 풀린 듯 모자란 사람'이라는 뜻의 속어인데, 우리나라 젊은 사람들 사이에서는 '스펙이 모자라는 인생의 패배자'라는 의미로 사용된다.

100세 시대를 바라보는 요즘 시대에 20대 혹은 고작 30대의 젊은 사람들이 인생의 패배자라는 말을 그렇게 함부로 써도 되는 것일까? 그 긴 인생을 아직 삼 분의 일도 채 살아보지 않고 어떻게 감히 패배라는 결과를 말할 수 있을까?

인생이 끝나지 않는 한 패배는 없다. 따라서 루저도 없다. 적어도 살아있는 사람이라면 말이다. 그럼에도 불구하고 자신을 '루저'라 말하는 사람은 열등감에 사로잡힌 사람이다. '근자감'으로 살아도 힘에 부치는 이 세상에서 '근열감-근거 없는 혹은 근거가 미약한 열등감-'으로 살아가는 이들이 안타까울 따름이다.

열등감의 친구는 피해의식과 자격지심이다. 나는 이 세 가지에 부정문 3종 세트라는 이름을 붙여주었다. 그리고 정말로 성공하기를 원한다면 이 부정문 3종 세트를 과감히 버려야 한다고 생각한다. 부정문 3종 세트를 가진 사람은 끊임없이 자신을 타인과 비교하며, 자신을 괴롭히는 일이 습관처럼 몸에 밴 사람들이다. 이런 사람은 긍정적인 사고를 할 수가 없기 때문에 매사가 부정적일 수밖에 없다. 당연히 자신감도 떨어진다. 그 무엇에도 자신이 없으니 자존감 또한 찾을 수가 없다.

그러고 보니 우리가 근거 없는 자신감이라고 했던 것의 근거가 무엇인지 그 실체가 보이기 시작한다. 그 근거는 결국 긍정적인 사고를 바탕으로 한 자존감이었다.

자존감이 약한 사람은 평가를 두려워한다. 실패에 대한 두려움은 실패 그 자체보다는 실패한 사람이 되는 것에 집중된다. 다른 사람들이 자신을 어떻게 볼 것인가에 대해 염려하고 실패한 책임을 지게 될까 봐 전전긍긍한다. 처음부터 책임질 일을 만들지 말자는 생각을 하느라 결국 아무 일도 못 하게 된다. 어쩌다 맡은 일에서 실수를 하게 되면 그 사실을 인정하고 반성하기보다는 변명하고 다른 사람 탓을 한다. 성공할 수 있다는 생각, 성공하기 위해서는 어떻게 할 것인가에 대한 생각을 하기보다는 실패하면 어쩌나 하는 걱정부터 한다.

모든 일에서 뒷전에 물러나 있기 일쑤이고, 나서는 걸 극도로 꺼리니 자연히 자신감이 결여된 모습으로 나타날 것이다. 하지만 그 이면에는 부정적인 사고와 그로 인한 자존감의 상실이 딱딱한 바윗덩어리처럼 굳어져 있는 것이다.

매사에 긍정적인 사고, 누구보다 확고한 자존감, 그리고 드높은 자신감의 상징은 미국의 작가이자 사회사업가인 헬렌 켈러Helen Keller다.

헬렌 켈러는 생후 19개월 무렵 심하게 앓았던 열병의 후유증으로 시력과 청력을 모두 상실한다. 어느 날 갑자기 보지도 듣지도 못하는 장애아가 된 그녀는 스승 앤 설리번Anne Sullivan을 만난 일곱 살 무렵까지 말도 한마디 하지 못하는 삼맹三盲의 상태였다.

앤 설리번 선생의 끈질기고 반복적인 가르침을 받아 헬렌 켈러는 '워터water'라는 말을 처음 한 것을 시작으로 언어 장애를 극복했고, 비장애인도 졸업하기 힘들다는 래드클리프대학Radcliffe College-당시 하버드Harvard는 남학생들만의 대학이었고, 이와 협력한 여학생들을 위한 대학이 바로 래드클리프대학이었다. 현재는 하버드대학교에 흡수되어 대학 산하 대학원으로만 남아 있다-을 졸업했다. 그녀는 미국 장애인 최초로 학사 학위를 받았고, 대학을 졸업할 즈음에는 5개국어 이상을 구사할 수 있었다고 한다. 우리에게는 장애인 사회운동가로 더 잘 알려진 헬렌 켈러가 평생 동안 가장 집중했던 일 중 하나는 저술 활동이었다. 그래서 미국에서는 작가로서의 명성도 상당하다.

각고의 노력으로 장애를 극복했다고는 하지만 듣지도 보지도 못하는 헬렌 켈러가 저술 활동을 한다는 것은 상상을 초월하는 어려움이었을 것이다. 하지만 그녀는 11살 무렵부터 왕성한 창작 의욕을 보였고, 평생 수많은 저서를 남겼다.

헬렌 켈러는 두 개의 최고 훈장을 받은 수상 경력을 가지고 있는데, 하나는 미국 최고 훈장인 대통령 훈장이고, 또 하나는 프랑스 국가최고 훈장인 레지옹 도뇌르이다. 레지옹 도뇌르 훈장은 프랑스 정부가 지난 2003년 나에게도 수여한 훈장인데, 나는 내가 평소 존경해 마지않았던 헬렌 켈러와 같은 훈장을 받았다는 것을 더욱 영광스럽게 생각하고 있다.

헬렌 켈러는 세상의 수많은 장애인은 물론 비장애인들에게까지 포기하지 않는 한 불가능은 없다는 무한 긍정의 마음, 그리고 자신감을 심어준 그야말로 전설적인 인물이다. 그렇게 평생을 뭐든 할 수 있다는 자신감과 자기 긍정으로 실제로 수많은 꿈을 이루었던 그녀이지만 절대로 이루어질 수 없는 꿈은 있었다.

<사흘만 볼 수 있다면Three days to see>은 헬렌 켈러가 바로 그 이루어질 수 없는 꿈에 대한 이야기를 담담하게 적어 내려가 수많은 사람의 심금을 울린 에세이집이다.

이 책을 통해 헬렌 켈러는 사흘 동안만 눈을 떠서 세상을 볼 수 있다면 어떤 꿈을 이루고 싶은지에 대해 이야기하고 있는데, 첫째 날에는 스승인 앤 설리번 선생의 얼굴을 볼 것이고, 둘째 날은 일출과 밤하늘의 별을 볼 것이고, 마지막 셋째 날에는 지나가는 모든 사람의 모습을 관찰하고 집으로 돌아와 이 모든 것을 볼 수 있게 해주신 하느님께 감사의 기도를 드릴 것이라고 했다.

만약 사흘 후 시력을 잃게 된다면, 앞으로 사흘 동안 무엇을 할까?

우리는 과연 헬렌 켈러처럼 담담할 수 있을까?

우리에게는 너무나 당연한 일, 사랑하는 사람의 얼굴을 보고, 해가 뜨는 것과 밤하늘의 별이 반짝이는 것을 보는 것, 그리고 내 주변을 둘러싼 풍경을 바라보는 일이 그녀에게는 허락되지 않은 일이었다. 아무것도 아닌 이 사소한 일조차 절대로 이룰 수 없는 꿈이었던 그녀였지만 '닫힌 문을 오랫동안 바라보고 있으면 등 뒤에서 열린 문을 보지 못한다'는 말을 하며 일생을 자기 긍정의 자신감으로 살아냈다. 신은 헬렌 켈러에게 사물을 볼 수 있는 눈을 허락하시지는 않았지만, 등 뒤에서 활짝 열린 문을 볼 수 있는 눈만큼은 허락했던 모양이다.

내가 꽤 괜찮은 사람이라고 느껴질 때 상대도 썩 괜찮아진다

<칭찬은 고래도 춤추게 한다>는 제목의 책이 엄청난 화제가 된 적 있다. 몸무게가 무려 3톤이나 되는 범고래가 조련사의 긍정적 태도와 칭찬에 동기부여 되어 멋진 쇼를 보여줄 수 있게 된다는 예를 통해 칭찬의 긍정적인 변화를 인간관계의 측면에서 설명한 자기계발서였다. 내용도 내용이지만 모두의 마음에 '쿵' 하고 와 닿는 그 제목만으로도 엄청난 유명세를 탄 베스트셀러로 지금까지도 그 유명세가 잦아들지 않는다.

그런데 나는 이 책을 읽으면서 긍정적 태도와 칭찬으로 춤을 추게 해야 할 대상은 나와 관계를 맺고 있는 타인뿐만이 아니라는 생각을 했다. 그 누구보다 많은 칭찬과 격려로서 가장 먼저 춤을 추게 해야 할 범고래는 어쩌면 나 자신인지도 모른다. 하지만 우리는 타인뿐만 아니라 자기 자신에게도 칭찬에 인색하다. 나 자신을 칭찬하라는 말이 잘난 척 으스대라는 의미는 아니다.

하지만 때로는 자신의 부족한 부분이나 허물보다는 뛰어난 점, 남보다 나은 점으로 시선을 돌려야 할 필요도 있지 않을까? 달리는 말에 채찍질을 하는 것도 동기부여가 되지만 잘 달리고 있을 때 그저 따뜻한 마음으로 지그시 바라봐 주는 것도 큰 힘이 되지 않을까?

타인에 대한 것 못지않게 자기 자신에 대해서도 칭찬에 인색한 것은 겸손한 자세라기보다는 넘치도록 가지고 있으면서도 도무지 만족할 줄 모르는 과욕의 또 다른 모습인지도 모른다. 스스로 만족감을 느끼는 삶을 통해 성공을 디자인하려는 성숙한 삶의 자세가 아니라 남 보기에 그럴듯한 삶, 폼 나는 삶을 살고 싶은 허영과 남을 누르고 어떻게든 앞서고 싶은 이기심의 발로는 아닐까?

한 가지 분명한 것은 자기 자신에게 만족할 줄 알고 자신을 칭찬할 줄 아는 사람만이 타인과의 관계에서도 그 사람의 부족한 점이나 허물만을 지적하지 않고 장점을 칭찬할 수 있다는 사실이다. 스스로 자신감을 가질 수 있는 사람만이 상대를 썩 괜찮은 사람으로 볼 수 있고, 자신을 꽤 괜찮다고 생각할 줄 아는 사람만이 상대의 사소한 허물쯤은 눈감아줄 수도 있다.

과거 성현들은 자기 자신의 단점과 문제점은 양 눈을 부릅뜨고 살피고, 남의 단점과 문제점은 한눈을 지그시 감고 외눈으로만 보라고 했다. 그것이 군자君子의 도리라는 것. 하지만 시대가 바뀌었으니 군자의 도리도 조금은 수정을 해야 할 것이다. 자기 자신이든 남이든 단점과 문제점은 외눈으로 보되, 장점은 두 눈을 부릅뜨고 볼 수 있어야 이 시대에는 진정한 군자다.

누가 봐도 완벽하고, 자신감을 가져 마땅한 것에 대해 자신감을 갖고, 또 그것을 칭찬하는 일은 누구나 할 수 있는 일, 쉬운 일이다. 정작 힘든 일은 어떤 부족한 상황에서도 자신감을 가질만한 일을 찾고 칭찬할 수 있는 일을 찾아 그렇게 하는 것이다. 헬렌 켈러처럼 말이다.

과장된 공포가 자존을 잠식한다

요즘 사람들이 지나치게 자신감을 잃고 위축되는 데는 지나치게 과장된 공포심을 이유로 들 수 있다. 실제로 우리 사회는 공포가 과장된 사회다. 남들은 다 한다는 그 무엇을 지금 당장 하지 않으면 곧 큰일이 날 것만 같은 불안감은 시시각각 우리를 엄습한다.

일류 대학을 나오지 않으면 영원히 낙오자가 될 것 같은 공포! 그러나 실제로는 중하위군 대학 출신으로 사회적인 인정을 받고 있는 진짜 인재들이 무수히 많다.

해외어학연수를 다녀오지 않으면 취업에 실패할 것 같은 공포! 그러나 실제로 어학 실력이 뛰어난 사람 중에 국내에서 공부한 경우도 적지 않다.

신상품 옷을 사 입지 않으면, 유행하는 색깔의 립스틱을 바르지 않으면, 새로 출시한 스마트 기기로 무장하지 않으면 금세 시대의 흐름을 따라잡지 못하게 될 것 같은 공포! 그러나 시대의 흐름은 내 몸에 걸친 것들이 따르게 하는 것이 아니라 나의 사고가 따르도록 하는 것일 뿐이다.

이 밖에도 공포는 무수히 많다. 억대의 현금 자산을 보유하지 않으면, 30평대 이상의 아파트를 소유하지 못하면, 중형차를 몰지 않으면, 일 년에 한 번 해외여행을 다녀오지 않으면, 성형과 다이어트로 빼어난 미모와 젊음을 유지하지 않으면 등등.

도대체 이 공포의 실체는 무엇인지 자세히 들여다볼 필요가 있다. 지금 내가 걱정하고 있는 것은 과연 무엇에 대한, 그리고 누구에 대한 걱정이고 염려인지도 곰곰 생각해봐야 한다. 과장된 공포가 우리 모두의 자존을 잠식하기 전에 말이다.

흔들리지 않는 자신감은
단순한 사고가 만든다

북유럽의 작지만 아름답고 부강한 나라 덴마크. 덴마크 수도인 항구 도시 코펜하겐의 부둣가에 낡은 창고를 개조한 레스토랑 노마Noma가 있다.

2003년 문을 연 이 레스토랑의 테이블은 고작 11개. 게다가 허름하기 짝이 없는 이곳이 한해에 100만 명도 넘는 사람들이 예약을 시도하고, 그 결과 덴마크 관광산업을 11%나 성장시켰다는 세계적 명성의 맛집이란다. 이 레스토랑의 주방장이자 주인, 일명 오너 쉐프owner chef는 30대 후반의 젊은 남성 르네 레드제피Rene Redzepi이다. 테이블 11개의 이 작고 허름한 레스토랑 주방장은 2012년 미국 시사주간지 <타임Time>이 선정한 '세계에서 가장 영향력 있는 100인' 중 한 명이 되었다. 주방장이 글로벌 리더로 선정된 것은 사상 최초라고 한다.

외관으로 봐서는 서울 북촌이나 서촌 어디쯤에서도 쉽게 볼 수 있을 것 같은 수수한 레스토랑이 3년간 세계요리업계 선정 '세계 50대 식당' 1위를 차지하는 등 오늘날과 같은 명성을 얻게 된 이유는 단 하나! 오너 쉐프인 르네 레드제피만의 요리를 맛볼 수 있기 때문이란다. 그런데 르네 레드제피만의 요리라고 해서 대단히 화려한 맛과 모양을 가지고 있는 것도 아니라니 그 궁금증은 더 커질 수밖에 없다.

르네 레드제피가 자랑하는 자기만의 음식이란 자기 나라 즉 덴마크에서 얻은 식재료만 사용한 요리라는 데 있다. 한국을 방문한 르네 레드제피와 한 방송사가 주최한 포럼에서 함께 토론할 기회가 있었다. 그 포럼에서 르네 레드제피는 파리나 런던이 아닌 코펜하겐에서만 먹을 수 있는 요리를 만들고자 하는 자신의 신념을 밝혔다.

그의 레스토랑 노마의 주방에는 서양에서 가장 흔한 식재료인 레몬이 없다. 그 이유는 추운 덴마크에서는 레몬이 나지 않기 때문이란다. 대신 그는 레몬의 신맛을 내기 위해 개미를 사용한다고. 우연히 먹어본 개미에서 레몬의 신맛을 대신할 독특한 맛이 났던 것을 기억해냈기 때문이다. 신토불이身土不二 요리의 결정판이라 할 수 있다.

레스토랑 노마가 문을 열기 전까지 코펜하겐의 최고급 레스토랑은 프랑스 요리를 내는 곳이 주류를 이루었다. 하지만 '덴마크에서 나는 식재료만'이라는 지극히 단순하면서도 자신감 넘치는 신토불이 전략으로 덴마크인들은 물론 세계인의 입맛까지 사로잡았다. 레스토랑 노마는 프랑스 타이어 회사 미슐랭Michelin이 매년 발간하는 세계적 권위의 레스토랑 평가서 <미슐랭 가이드Michelin Guide>에서 최고 등급인 별 셋을 받는가 하면 신토불이 식재료만 사용해 덴마크의 농업과 어업, 낙농업까지도 부흥시켰다는 평가를 받고 있다.

한 그릇의 음식에 담긴 단순하지만 아주 특별한 자신감! 단순하다는 것은 어쩌면 수많은 자극으로 부단히 내공을 쌓은 다음에야 비로소 이를 수 있는 경지가 여여如如한 항심恒心의 아닐까.

항심으로 나만의 것을 추구하고 탐구하는 자세, 그리고 그 정서에서 우러난 자신감으로 세계를 제패制覇한 30대 천재 쉐프. 그의 눈빛이 유난히 빛나보이는 것은 나만의 착각이었을까?

그가 전 세계에 미친 영향력 또한 막강한 자신감, 그 경탄할만한 대단함, 아름다움의 경지에 이른 그의 에메르베유망émerveillement : 경탄할만한 대단함에서 나온 것임이 분명하다. 흔들리지 않는 자신감은 때로 단순한 생각에서 나온다.

Choi's Ritual 07

매 순간 더 이상의 최선은 없다고 생각될 만큼 최선을 다한다

내 역량의 120%를 발휘했을 때,
설령 실패하더라도 자신감은 잃지 않는다

"오호! 좋아! 완벽해!"

나와 함께 어떤 일을 해본 사람이라면 이 말을 자주 들었을 것이다. 내가 어떤 일을 끝마쳤을 때도 이 말을 하지만 제자들이나 연구원들이 어떤 일을 다 해냈을 때도 이 말을 한다.

그러면 제자들이나 연구원들은 때로는 웬 자아도취인가 하는 눈빛으로 때로는 겸연쩍은 표정으로 볼멘소리를 하곤 한다.

"교수님은 뭐가 그렇게 완벽하다고 하세요? 정말요?"

교수가 직접 자기가 한 일을 두고 완벽하다고 하는 데야 자아도취든 뭐든 상관할 일이 아니지만, 자신들이 한 일을 완벽하다고 추켜세워주면 뭔가 불안하고 찔리는 구석이 있는 모양이다. 그래서 마지막까지 손을 놓지 않고 한 번 더 그 일에 집중해 오류를 줄이고 실수를 방지해 결국 최고의 성과를, 완벽한 결과를 만들어 내는 제자와 연구원들도 있다.

반면 이런 말과 태도가 지나치게 완벽을 추구하는 성격에서 나온 것이라는 오해를 하는 이들은 상당한 부담감을 느끼는 모양이다.

하지만 나는 최대한 완벽에 가까워지기 위해 최선을 다하는 사람일 뿐 완벽주의자는 아니다. 완벽은 신에게나 허락된 것이지 인간인 나는 감히 넘볼 수 없는 신성불가침의 영역이다. 결코, 절대로 완벽할 수 없는 것이 인간이기에 우리는 매 순간 한걸음이라도 완벽에 가까워질 수 있도록 노력해야 한다. 더 이상의 최선이 존재하지 않는다고 생각될 만큼 최선을 다해야만 한다. 그렇게 했음에도 불구하고 실수가 있다면 그 또한 신의 뜻 아니겠는가.

나는 나 자신은 물론 타인에 대해서도 한 치의 실수도 용서하지 않는 야박한 사람은 아니지만 가능한 최선을 다해 제대로 해야 된다는 생각은 갖고 있다.

나는 사람은 누구나 실수를 할 수는 있다고 생각한다. 모든 일에 만전에 만전을 기했음에도 실수가 있다면 거기까지가 나의 혹은 그의 한계인 것이다. 한계는 빨리 인정하는 것이 극복하는 지름길이다. 자신의 한계를 직시하고 인정할 때 그것을 넘어서기 위해 내가 해야 할 일, 내가 할 수 있는 일이 보이기 때문이다.

실수를 인정하는 것 또한 한계가 있었음을 인정하는 것이다. 실수는 되도록 하지 않는 편이 더 좋겠지만 이미 실수가 결과로 드러났다면 빨리 인정해야 한다. 실수를 감추려고 하거나 남 탓을 하며 변명할 시간에 그 실수를 만회할 방법을 찾는 것이 훨씬 효율적이지 않을까?

나는 언제나 내가 가진 역량 이상의 에너지를 발휘하며 산다. 그래야 그것이 최선이라고 생각하기 때문이다. 내 역량의 120%를 발휘했다면 그 결과가 설령 참담한 실패라 할지라도 나는 자신을 용납할 수가 있다. 내가 가진 모든 것을 다 쏟아 붓고도 꼭꼭 짜내고 탈탈 털어서 20%를 더했는데도 그 결과가 만족스럽지 못하다면 난들 어쩌겠는가. 내 한계가 거기까지인 것을!

나는 결코 완벽주의자는 아니다. 내가 감히 완벽할 수도 있다는 생각은 자만을 넘어 만용이라고 생각하기 때문이다. 그래서 완벽주의는 매우 위험한 발상이다.

나의 넘치는 자신감의 근원은 매사에 최선을 다하는 삶의 습관이다. 더 이상의 최선이 존재하지 않는다는 생각이 들 정도로 최선을 다했다면 설령 실패하더라도 나는 자신감만큼은 잃지 않을 자신이 있다.

하지만 그렇게까지 최선을 다하고도 실패를 했던 일은 지금까지 거의 없었다. 내 '근자감'의 근거 또한 바로 이것이었던 보양이다.

도전
Challenge

한 점 한 점 먹다 보면 코끼리 한 마리도
다 먹어치울 수 있다는 신념

여정은 그 자체가 보상이다.
The journey is the reward.
스티브 잡스Steve Jobs

플뢰르 펠르랭Fleur Pellerin, 현직 프랑스 문화소통부 장관의 이름이다.

우리나라 사람 중에는 아마도 현직 프랑스 대통령의 이름은 잘 몰라도 플뢰르 펠르랭이라는 이름은 어디선가 들어본 기억이 있다는 사람이 꽤 많을 것이다. 그녀의 한국 이름은 김종숙. 생후 6개월이던 1974년 2월 한국을 떠나 프랑스 가정에 입양되었다. 그리고 프랑수아 올랑드François Hollande 대통령 내각에 입각한 그녀는 현재 프랑스에서 가장 영향력 있는 인물 중 한 사람으로 평가된다.

그녀의 양부모는 그다지 특별할 것 없는 평범한 사람들이었지만 그녀가 입양아기 때문에 차별을 받아서는 안 된다는 신념만큼은 확고했다고 한다. 특히 그녀의 어머니는 뚜렷한 목표를 가지고 열심히 공부해서 자기 길을 걷는 것만이 그 차별을 극복할 수 있는 유일한 길임을 늘 강조했고, 그녀가 충분히 그럴 수 있는 자질을 가지고 있다고 끊임없이 격려하며 동기를 부여했다고 한다.

학교에 입학하기도 전이었던 어린 나이에 그녀는 다리를 심하게 다쳐 한동안 집안에서 꼼짝도 못 하고 지내야 했다고 한다. 그때 그녀의 어머니는 심심해하는 그녀에게 글을 가르쳐주었다. 그 덕에 학교에 입학한 다음 다른 아이들보다 조금 더 공부를 잘할 수 있게 되었다고 하지만 이것은 그녀의 지나친 겸손이다.

플뢰르 펠르랭은 자신의 정신적 버팀목이었던 어머니의 바람을 꼭 이루어주고 싶다는 생각에 더욱 열심히 공부했고, 여러 차례 월반을 해 남들보다 2년이나 앞서 고등학교 졸업 자격시험이자 대학 입학 자격시험인 바칼로레아에 합격했다. 그리고 그녀는 프랑스 최고의 비즈니스 스쿨인 ESSEC, 프랑스에서 가장 화려한 동문 네트워크를 자랑하는 파리정치대학-일명 시앙스포Sciences Po라고 불리기도 하며 프랑수아 올랑드 현 대통령을 비롯해 자크 시라크, 프랑수아 미테랑 등 프랑스 국내외 29명의 대통령, 31명의 국무총리, 21명의 외무부 장관 및 유엔 사무총장을 배출했다. 또한, 프랑스 국회의원과 외교관, 그리고 프랑스 주요 대기업의 CEO가 거의 이 학교 출신으로 프랑스의 대표적인 엘리트 양성 기관이다-, 그리고 프랑스 정부가 고급공무원 양성을 목적으로 세운 국립행정학교ENA를 졸업한 프랑스 최고의 엘리트로 성장했다. 이는 프랑스에서 웬만큼 상류층에 속하는 가정의 자녀들도 쉽게 이룰 수 없는 엄청난 일이다. 게다가 그녀는 TV에 출연해 아나운서의 요청에 흔쾌히 춤을 추며 노래를 부를 정도로 뛰어난 노래 실력-음치에 가까운 나로서는 한없이 부러운 일이다-에 그림 실력, 그리고 요리 실력까지 갖춘 그야말로 원더우먼이다.

상경 계열, 정치 계열, 행정 계열 그랑제꼴을 모두 거친 그녀는 프랑스 감사원 문화 시청각 미디어 국가교육 담당자를 거쳐 프랑수아 올랑드 대통령 내각에 입각, 중소기업 디지털경제부 장관 및 통상관광 국무장관을 역임하고 현재 문화소통부 장관으로 재임하고 있다.

유럽 최초의 아시아계 장관이자 한국계 장관이 탄생한 것이다.

약점은 인정하고 받아들일 때
비로소 극복할 길이 열린다

그녀가 입각할 당시 한국 취재진은 프랑수아 올랑드 대통령의 취임식조차 뒷전일 정도로 그녀를 향해 열띤 취재 경쟁을 보였다. 한국계 입양아가 유럽 최초, 프랑스 최초로 장관이 되었다는 사실에 온 국민은 김연아 선수가 올림픽 사상 최초로 한국에 피겨스케이팅 금메달을 안겨주었을 때처럼 기뻐하고 자랑스러워했다.

하지만 언론을 통해 보인 그녀의 모습이 한국인의 정서로는 조금 냉랭하다고 느껴졌던 모양이다. 한국계 입양아라는 독특한 이력에도 불구하고 그녀는 역시 프랑스인이었다는 생각에 한껏 기대에 찼던 우리 국민들은 조금 서운해하기도 했다.

일각에서는 아무리 한국계 입양아라고 해도 그녀는 이미 뼛속까지 프랑스인이라며 그녀에 대한 서운한 감정을 토로하기도 했고, 또 다른 편에서는 생후 6개월 된 아기를 매몰차게 해외로 입양 보낼 때는 언제고 성공하고 나니 한국인이기를 원하는 것이냐며 한국의 민족주의 정서를 비난하기도 했다.

그리고 얼마 후 그녀는 타의에 의해 모국을 떠난 지 39년 만에 처음으로 한국을 방문했다. 프랑스 사절단 대표 자격으로 방한한 그녀가 입국하던 날, 인천공항은 톱스타의 입국을 방불케 할 정도로 취재진이 인산인해를 이루었다. 당시 나는 그녀를 두 차례 만날 기회가 있었는데, 그녀는 방한 일정 내내 39년 만에야 다시 찾아온 자신을 따뜻하게 맞아주는 한국인들의 관심과 애정에 깊이 그리고 진심으로 감사한다고 전했다. 아울러 프랑스와 한국, 양국 간의 가교로서 자신의 역할에 더 막중한 책임감을 느낀다고도 했다.

나는 오랜만에 참으로 멋진 여성을 만났다는 생각을 하게 되었다. 검은 머리카락, 빨간 입술, 그리고 가늘고 길쭉한 눈매가 더욱

도드라지도록 가꾼 그녀의 외모에서는 진한 동양의 아우라가 느껴졌다. 하지만 그녀가 프랑스인인지 한국인인지를 따져 묻는 것은 이미 아무런 의미가 없었다. 그녀는 이미 전 세계가 주목하고 있는 세계인, 플뢰르 펠르랭일 뿐이었다.

해외로 간 한국계 입양아들은 물론이러니와 이민자 2세들도 지각知覺이 들기 시작하면서 제일 먼저 하게 되는 질문은 '나는 도대체 누구인가?'라고 한다.

일상적으로 보게 되는 서양인들의 익숙한 모습. 그리고 당연히 나도 그들 중 하나려니 생각했는데 문득 자각하게 되는 낯선 자신의 모습. 서양인 친구들과 나란히 길을 걷다가도 유리창에 비친 자기 모습이 낯설어 그 질문을 하게 되고, 가족사진이나 친구들과 어울려 찍은 사진 속에서 유독 도드라지는 자신의 모습이 이상해서 그 질문을 하게 된다는 것이다. 잠시 머무를 뿐인 한시적 이방인이 느끼는 소외감과는 비교도 되지 않는 그들만의 고독감, 그리고 혼란이 그대로 묻어나는 질문, '나는 도대체 누구인가?'.

플뢰르 펠르랭 장관도 그 숱한 질문을 자신에게 던지며 오늘에 이르렀으리라. 마침내 그녀의 영원한 지지자였던 어머니의 말씀처럼 그 엄청난 고독감과 혼란에서 벗어나는 길은 스스로 우뚝 서서 이 사회에 굳건한 뿌리를 내리는 것뿐이라는 생각을 하게 되었으리라. 그리고 그런 자신에게 지금 가장 필요한 것인 무엇인지에 대해 깊이 생각하게 되었을 것이다.

바로 그 순간, 시작된 그녀의 도전은 30년 이상을 이어왔고, 아직도 끝나지 않았다.

도전은
우리를 행복하게 한다

우리 인생에서 도전은 스릴 만점의 드라마다.

결과는 말할 것도 없고 한 치 앞에서 벌어질 일의 진행 상황도 미리 점칠 수 없기 때문이다. 모든 도전에는 고난도 있고 좌절도 있으며 실패도 있다. 물론 즐거움도 있고 성취도 있으며 성공도 있다.

도전의 결과를 미리 알 수만 있다면 얼마나 좋을까 싶기도 하다. 고난과 좌절의 과정을 거쳐 결국 실패에 이르는 도전이라면 피할 것이고, 즐거움과 성취로 가득한 성공으로 이어지는 도전이라면 당장에라도 뛰어들 텐데. 하지만 아무리 탄탄한 이야기 구조를 가진 드라마나 영화라 할지라도 결말을 알고 본다면 그야말로 김빠진 맥주를 마시는 기분일 것이다. 도전도 마찬가지가 아니겠는가.

성공할 일에만 도전을 해도 모자란 마당에 무슨 스릴을 찾고 있느냐고 타박하는 사람도 있겠지만, 이는 사실이다.

인간은 도전을 통해서 행복을 찾을 수 있다. 우리는 우리의 현실과 바람이 일치할 때 행복할 것이라는 착각을 하지만 실제로는 나의 현실과 나의 바람이 불일치할 때, 그 불일치를 극복하고 일치를 향해 다가가는 절차와 과정에서 행복을 찾는다. 이는 뇌 과학이 증명하고 있는 사실이라고 한다.

굳이 오르지 않아도 되는 히말라야의 높은 산을 오르기 위해 한계에 도전하고, 마침내 정상에 오르고 나면 만족을 느끼는 것은 바로 우리 인간의 도전 욕구를 증명한다. 그러나 정상에 오른 다음 우리는 그 만족에 오래 머무르지 못하고, 다시 또 다른 불일치를 찾는다. 이를테면 더 높은 산, 더 오르기 힘든 산을 찾아 다시 도전하는 것이다. 도전에 대한 성공 그 자체보다는 스스로 만든 불일치를 일치로 만들어가는 성공의 과정이 우리에게 행복을 주는 것이다. 따라서 성공이라는 결과가 불 보듯 뻔한 일에서 우리는 만족하지 못한다. 성공이 보장된 도전은 이미 도전이 아니기 때문이다.

한국계 최초의 프랑스 장관 플뢰르 펠르랭. 어쩌면 프랑스 최초의 외국계 대통령이 탄생한다면 그 이름 또한 플뢰르 펠르랭이 될 것이라는 기대를 하기에 부족함이 없는 그녀, 김종숙의 도전이 더욱 아름답고 값진 이유도 여기에 있다.

그녀가 만약 프랑스 명문가에서 태어났더라면, 그리고 한국계 입양아라는 꼬리표가 달리지 않았더라면 그녀의 오늘은 지금만큼 빛날 수 있을까? 다시 한 번 말하지만, 그녀가 프랑스 명문가 출신이었다 하더라도 현재 그녀의 위치는 쉽게 오를 수 있는 자리가 절대 아니다.

하지만 그렇지 않은 그녀였기에, 한국 이름 김종숙을 영원히 달고 살 수밖에 없는 한국 입양아였기에 오늘 그녀의 성취가 더욱 큰 의미를 갖게 되는 것이다. 물론 아시아계 최초, 한국계 최초라는 수식어 때문만은 아니다.

그녀는 자신에게 주어진 환경을 부정하지 않았다. 장애가 될 수도 있었던 환경, 그러나 결코 스스로 선택한 것이 아니었던 비운悲運을 탓하지도 않았다. 오히려 그 비운 덕에 더 열심히 살 수 있었고, 더 큰 목표를 세울 수 있었다며 그녀는 오히려 그것을 디딤돌로 삼았고, 이제는 그 디딤돌에 깊이 감사하고 있다. 이것이야말로 진정한 도전 정신이다.

안 된다고 하지 말고,
할 수 없다고 하지 말고

자신의 비운을 원망하지 않고, 오히려 그것을 자신만의 특징으로 살린 또 한 명의 사람이 있다. 바로 국민배우 안성기의 장남 안다빈 씨다. 그는 배우인 아버지의 외모와 조각가인 어머니의 예술적 재능을 두루두루 물려받은 행운아다. 적어도 아버지를 능가하는 그의 조각상 같은 외모-모델이나 배우로도 손색이 없다-와 화가라는 이력만 보면 그렇다. 하지만 그는 화가로서는 치명적인 적록색약赤綠色弱이다.

적록색약이란 일상생활은 큰 불편 없이 할 수 있지만 다양한 색채를 다루어야 하는 직업, 특히 화가에게는 치명적인 질병이다. 적색과 녹색의 구분이 명확하지 않기 때문에 세상을 바라보는 시선도, 자기 눈에 비친 세상을 화폭에 담는 것도 조금은 부자연스럽고 특별할 수밖에 없다. 그래서 적록색약은 일반적으로 화가의 꿈을 포기할 수밖에 없다. 요즘처럼 좋은 세상에도 적록색약을 치료하거나 교정할 수 있는 의학적 방법은 없기 때문이다.

그런데 안다빈 씨는 자신만의 독특한 시선과 색채로 극사실주의 기법의 그림을 그려 국내외 화단에서 큰 호응을 얻고 있는 젊은 화가다. 화가로서 치명적인 약점을 감추거나 부정하기보다는 오히려 그 약점을 강점으로 승화시킨 차분하고 절제된 색채와 표현으로 말이다.

나는 그가 화가로서 치명적일 수밖에 없는 자신의 약점을 발견하고도 화가의 꿈을 접지 않고 도전하며 자신만의 길을 모색했다는 사실 하나만으로도 이미 절반의 성공은 거둔 것으로 생각한다. 조금 진부한 얘기가 될 수도 있지만, 도전은 결과의 성패를 떠나 도전하는 것 그 자체만으로도 충분한 의미가 있고, 충분히 아름답기 때문이다. 사실 세상의 모든 진리는 다 조금씩 진부하기도 하다.

전 세계적으로 가장 유명한 SNS인 페이스북facebook을 창시한 마크 주커버그Mark Zuckerberg 또한 적록색약이다. 그가 가장 자신 있게 알아볼 수 있는 색은 오직 파란색뿐이란다. 그래서 페이스북의 모든 색채가 파란색을 띨 수밖에 없었던 것이라니!

안다빈 작가도 마크 주커버그도 자신의 약점을 부정하지 않고 그대로 받아들이는 사람들이다. 감추려고 하지도 않는다. 약점을 감추기에 급급하기보다는 차라리 드러내고 강점화 할 수 있는 방법에 더 집중했던 사람들, 그 누구보다 투철한 도전 정신의 소유자들인 것이다.

안 된다, 안 될 것이다, 할 수 없다는 생각보다는 일단 해보자는 생각! 도전은 바로 그 생각에서 출발한다.

실패는 가장 역동적인 단어, 실패를 두려워 말자

불가능할 것만 같은 목표에 도전하고, 그것을 성취하고자 노력하는 과정에서 느끼는 행복이 그 무엇보다 크다는 것을 우리는 알고 있다. 지금까지 살아오면서 그런 경험 한두 번씩은 다 해보았을 테니까. 그럼에도 우리가 도전을 주저하는 이유는 무엇일까?

그것은 역시 실패에 대한 두려움이 크기 때문이다. 그러나 지금까지 내가 여러 차례 이야기했듯 실패가 두려워서 아무것도 하지 않는 것만큼 어리석은 일은 없다. 창작 하는 사람이 실패를 두려워한다면 그는 죽을 때까지 새로운 것은 아무것도 만들어낼 수 없다. 히말라야를 정복하기 위해 나선 산악인이 악천후를 만나 등반에 실패할 것을 두려워한다면 그는 평생 그 무엇에도 도전할 수 없다.

물론 누구에게나 실패는 잠재된 일이다. 누구든 무슨 일이든 실패할 가능성은 있게 마련이기 때문이다. 하지만 그 실패를 감수하는 창조성이 있고, 그 실패를 감수하는 도전이 있어 세상은 변화하고 발전한다.

그러고 보면 실패란 이 세상 모든 단어 중에서 가장 역동적인 단어가 아닌가 싶다.

코끼리 한 마리를
다 먹어치우려면?

어린 시절 읽었던 책 중에 <코끼리를 먹는 신랑>이라는 제목의 동화가 있었다. 코끼리 한 마리를 다 먹을 수 있는 남자를 데려오기 전에는 그 누구와의 결혼도 허락할 수 없다는 아버지 때문에 남편이 될 사람을 직접 찾아 나선 한 아가씨에 대한 이야기였다.

그 아가씨는 전 세계를 돌아다니며 코끼리 한 마리를 다 먹을 수 있다고 자신하는 남자를 찾았지만, 모두가 고개를 절레절레 흔들 뿐 선뜻 나서는 이가 없었다. 그녀의 아름다운 외모에 반해 환심을 사려고 접근했다가도 코끼리 한 마리를 다 먹어야 한다고 하면 모두 기겁을 하고 물러났다. 부잣집에서 데릴사위를 구하는 것일지도 모른다는 기대에 한껏 부풀어 그녀와 친해졌다가도 코끼리 한 마리라는 말에 금세 돌변해서는 별 정신 나간 소리를 다 듣겠다고 욕을 하고는 달아나버렸다.

결국, 그녀는 한국의 어느 작은 마을까지 오게 되었고, 그곳에서 나무를 심고 있는 어린 소년을 만났다. 지칠 대로 지쳐 이제 그만 포기해야 하나 생각하던 아가씨는 자신보다 한참 어린 그 소년에게 장난 반 진담 반으로 물어보았다.

"얘야, 넌 코끼리 한 마리를 다 먹을 수 있겠니?"

그러자 소년은 대답했다.

"그럼요! 코끼리 한 마리쯤이야!"

깜짝 놀란 아가씨가 두 눈을 동그랗게 뜨고 소년을 바라보자 소년을 말했다.

"한 점 한 점 먹으면 되죠. 한 점 한 점 먹다 보면 코끼리 한 마리도 다 먹을 수 있어요."

그렇다. 한 점 한 점 먹다 보면 어디 코끼리 한 마리뿐이겠는가. 코끼리 열 마리는 못 먹고, 공룡인들 못 먹겠는가 말이다.

나는 이 이야기가 내가 이 장에서 이야기 하고 있는 도전은 물론 지금까지 이야기했던 창조성과 자신감의 의미까지도 한꺼번에 설명할 수 있는 매우 철학적인 동화라고 생각한다. 코끼리 한 마리를 다 먹어보겠다는 도전, 그 도전을 위해 일단 한 점 한 점 먹기 시작하겠다는 창조적 사고, 그리하여 마침내 코끼리 한 마리를 다 먹을 수 있다는 자신감. 이 소년이야말로 도전과 창조성, 그리고 자신감의 습관으로 무장한 이 시대가 요구하는 진정한 리더라는 생각도 해본다. 안타깝게도 이야기 속 허구의 인물이기는 하지만 말이다.

그러나 한 점으로 시작해 코끼리 한 마리를 다 먹어치운 실존하는 한 사람을 나는 알고 있다.

2014년 미국 경제전문지 <포춘Fortune>이 선정한 기업 부분 파워우먼 50인에 선정된 여성. 그녀의 이름은 권선주, 우리나라 최초의 여성 은행장이기도 하다. 보수적인 한국 사회에서도 가장 보수적이기로 정평이 난 금융권에서 여성 은행장이 탄생했다고 하니 사람들은 으레 미국비즈니스스쿨 등에서 유학한 화려한 스펙을 예상했을 것이다. 그러나 그녀는 순수 국내파에 현장파다. 나와는 고등학교 동창이자 같은 반을 하며 짝을 했던 친구로, 국내 대학에서 영문학을 전공했다.

여자 은행원은 상업고등학교 출신이 대부분이었던 시절, 대학 졸업 후 기업은행에 공채로 입사한 그녀가 맡은 업무는 창구 예대 업무였다. 대졸 공채이기는 했지만 영문학도였던 그녀에게 은행 업무는 또 하나의 외국어.

하지만 주말에는 금융 관련 공부를 해가며 자신의 부족한 점을 채워나갔고, 주중에는 현장에서의 경험을 쌓아나갔다. 팀장 자리에 올랐을 때 남편이 해외로 발령을 받았지만 그녀는 자신의 커리어를 위해 국내에 남았다. 여성은 결혼과 동시에 회사를 그만두는 것이 일반적이었던 당시로서는 파격적인 결정이었지만 남편 또한 그녀의 뜻을 지지하고 응원해주었다고.

36년 은행 근무 기간 중 25년을 현장에서 보낸 그녀는 '현장 경험은 고객에 대한 이해로, 고객에 대한 이해는 업무에 대한 자신감으로 이어진다'는 확고한 신념으로 끊임없이 자신의 한계에 도전했다.

어렵지 않은 작은 목표를 세우고 끊임없이 도전하십시오!

금융에 대한 이해가 부족한 영문학도라는 한계, 여자라는 한계에 과감히 도전해 오늘에 이른 그녀의 성공 비결은 바로 '어렵지 않은 작은 목표 하나부터' 시작하는 것이었다.

코끼리 한 마리를 다 먹어치울 수 있는 신랑감을 찾던 아가씨는 다시 여행을 떠났다. 어렵게 찾은 그 소년이 코끼리보다는 산을 먹어야겠다고 했기 때문이다. 어쩌면 코끼리 한 마리를 먹을 수 있다는 도전 정신을 가진 남자를 두 번 다시 만날 수 없을지도 모르지만, 그녀는 산까지 먹어치우겠다는 소년과 웃으며 헤어질 수밖에 없었다는 것이 이 이야기의 아름다운 결말이었다. 나 역시 소년의 더 큰 도전에 진심으로 박수를 보내고 싶은 마음이다. 그리고 지금 이 순간 우리나라 곳곳에서 산이라도 먹어치우겠다는 도전 정신과 자신감을 내보이고 있는 수많은 젊은이에게도 진심 어린 박수를 보낸다.

Choi's Ritual 08

포기할 때는 과감하게 한다

모든 것을 다 내려놓는 순간,

다시 집어 들어야 할 것이 보인다

전 포기를 잘해요.

내가 이렇게 말하면 사람들은 하나같이 고개를 갸우뚱한다. 내가 마치 나폴레옹처럼 '내 사전에 포기라는 단어는 없다'고 말할 것이라는 기대를 했던 모양이다.

내가 포기를 '잘한다'는 것은 포기해야 할 때는 '잘' 한다는 말이지, 포기를 자주, 쉽게 잘한다는 의미는 아니다.

그리고 일단 포기를 해야 할 시점이 오면 질질 끌며 우유부단하게 굴기보다는 단칼에 과감하게 하는 편이다. 어정쩡하게 포기하는 것도 아니고 포기하지 않는 것도 아닌 상태에 머물러 있는 것을 가장 싫어한다.

포기할 때 단칼에 과감하게 하면 두 가지 좋은 점이 있다. 첫 번째 좋은 점은 지나간 일은 빨리 잊고 지금 해야 할 일, 앞으로 해야 할 일에 더 집중할 수 있다는 것이다. 어차피 되지도 않을 일에 미련을 갖다 보면 오히려 지금 해야 할 일을 놓치게 된다. 흐르는 강물에는 두 번 손을 담글 수 없듯 지나간 일에 대해서는 가급적 미련을 갖지 않는 것이 여러모로 이롭다.

두 번째 좋은 점은 포기해야 할 때는 털끝만 한 미련도 여지도 두지 않고 깨끗이 돌아서려고 하기 때문에 포기해서 정말로 후회할 일이라면 내 이성보다 내 마음이 먼저 그것을 알아차리게 된다는 것이다.

결혼 전 나와 디디에는 원거리遠距離 연애 비슷한 상태로 지낸 적이 있었다. 당시 나는 한국에서 디디에는 캐나다에서 지내고 있었다. 어떤 노랫말처럼 친구보다는 가깝고 애인보다는 먼 상태로 그와 꽤 오랜 시간을 알고 지냈던 나는 이러다가는 이 상태로 둘 다 마흔을 넘기겠다는 생각이 들어 마침내 칼을 뽑아 들었다.

친구 이상의 관계로 발전할 의향이 있으면 계속 연락을 하고, 그렇지 않으면 더 이상 연락하지 말라는 최후통첩을 한 것이었다. 사실 그동안 그 어정쩡한 관계를 유지해온 데는 나 역시 디디에에 대한 친구 이상의 감정이 어느 정도 있었기 때문이다. 하지만 상대의 마음을 정확히 알기 위해서는 이런 모험을 감수해야만 했다. 어쩌면 정말 그와는 마지막이 될지도 모르는 일이었기 때문이다. 일단 칼을 뽑아들었으니 단칼에 베고 돌아서야 했다. 나는 여지를 두지 않고 둘 중 하나만을 고르라고 했다. 타협안은 없다고 강조했다.

그렇게 단호하게 포기할 의사가 있음을 말하고 나니 불현듯 마음 한구석이 허전해지는 것을 느낄 수 있었다. 아뿔싸! 그때야 나는 디디에에 대한 나의 진심도 확실히 알게 된 것이다. 하지만 이미 나는 칼은 휘둘렀고, 내 배는 항구를 떠났다. 이제 내가 할 수 있는 일은 디디에의 배가 나를 뒤쫓아 오는지 안 오는지 기다려 보는 것뿐이었다.

그런데 천만 다행스럽게도 내 그 과감한 선언에 디디에 역시 자신의 진심을 알게 되었다는 것이다. 내가 없으면 도저히 안 될 것 같더라는 것이었다. 결국, 디디에는 이 세상 모든 사람을 행복하게 할 수는 없지만 정화 한 사람만큼은 행복하게 해주는 삶을 선택하겠노라는 매우 감동적인 프러포즈로 내 마음을 사로잡았다.

지금도 디디에는 자신이 먼저 프러포즈를 해 나와 결혼하게 되었다고 생각한다. 하지만 그의 프러포즈는 사실 나의 용감무쌍함이 이끌어낸 것이었다는 사실을 나는 알고 있다.

모든 것을 다 쥐고 있을 때는 그 무게에 짓눌려 정작 무엇이 소중한지, 무엇이 필요한 것인지 알지 못한다. 하지만 모든 것을 내려놓는 순간, 우리는 깨닫게 된다. 당장 다시 집어 들어야 할 것이 무엇인지를.

포기해야 할 때는 과감하게 해야 하는 이유다.

지식을 얻으려면 무엇인가를 매일 보태야 한다. 하지만 지혜를 얻으려면 무엇인가를 매일 빼야 한다.

그래서 노자가 한 이 말의 의미가 나에게는 더욱 특별하다.

호기심
Curiosity

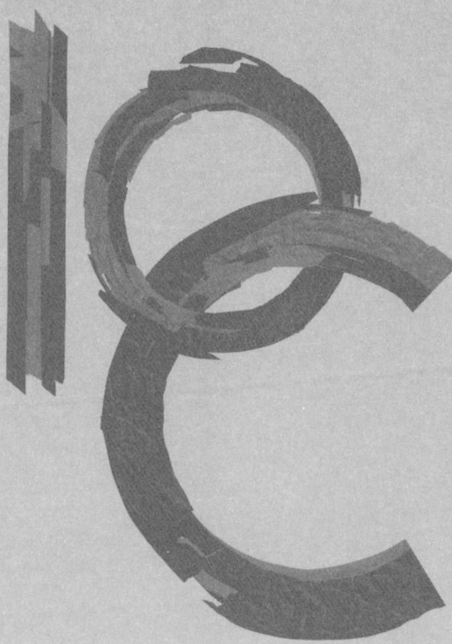

삶의 지평을 넓혀주는
가장 사랑스러운 무기

나는 특별한 재능이 있는 것이 아니고,
단지 굉장히 호기심이 많다.

알버트 아인슈타인Albert Einstein

우리는 누구나 이 세상에 올 때 남다른 재능 한 가지쯤은 가지고 온다.

물론 조물주가 각별한 사랑으로 창조한 몇몇 사람들은 그 남다름이 보통 수준을 훌쩍 넘기기도 할 것이다. 심지어는 남다르게 주어진 재능이 한 가지쯤에만 머물지 않는 경우도 있다.

피겨스케이팅 불모지 한국에서 피겨스케이팅의 여왕이 된 김연아 선수. 그녀가 통역 없이 외신기자와 인터뷰를 할 정도로 영어 실력이 뛰어나고 심지어 가수 뺨치게 노래도 잘 부르는 것을 보면 정말 그런 것 같다는 생각이 든다. 발군拔群의 스케이팅 실력으로 올림픽 금메달리스트가 되었던 그녀가 귀엽고 호감 가는 인상으로 온갖 광고 모델로 TV에 등장하는가 하면 이제 스포츠 외교로까지 삶의 지평을 넓혀가고 있는 모습을 보면 대견하기도 하지만 내심 부러운 사람들도 있을 것이다.

똑같은 사람인데 달라도 너무 다른 김연아 선수와 자신의 처지가 한탄스러운가?

하지만 누구든 그런 재능 하나쯤은 있다는 것을 잊지 말고 기억하자. 나에게는 없는 것을 아쉬워하기보다는 지금 나에게 있는 것이 무엇인지에 집중하고 그것을 찾아야 한다.

내 경우 그 남다른 재능이 무엇일까 잠시 생각해본다.

일단 말재주라는 재능이 있을 것이다. 내가 특별히 남보다 말을 아주 잘하는 편이라는 생각을 해보지는 않았지만 적어도 어학을 전공했고, 30여 년 국제회의 통역사로 일했으니 나름 조리 있고 간결하게 말하는 능력은 어느 정도 가지고 있을 것이다. 그런데 가끔은 어쩌면 그렇게 모든 얘기를 재미있게 잘하느냐는 말을 듣기도 한다. 내가 일단 이야기를 시작하면 정신 없이 빨려들어가 중간에 도저히 딴생각을 할 수 없다고 하는 사람들도 있다.

사실 나는 나보다 훨씬 더 말을 잘하는 사람들을 정말 많이 만나보았다. 성공한 리더 중에 눌변인 사람은 별로 없기 때문이다. 그래서 아직도 가끔씩 나의 말솜씨를 칭찬하는 것이 지나친 과장은 아닌지 의심할 때가 있다. 어쨌거나 말솜씨가 그리 떨어지는 축은 아닌 모양이다.

또 하나 타고난 것이 있다면 그것은 건강한 몸과 마음이다. 일단 지금까지 살아오면서 체력적인 한계는 별로 느껴본 일이 없다. 한동안 나이가 드는지 나도 몸이 예전 같지만은 않다는 느낌을 받기도 했는데 규칙적인 운동을 시작하고부터 한결 좋아졌다. 게다가 나는 매우 긍정적인 사람이기도 하다. 긍정적인 사고와 마음은 지금껏 내 자신감과 도전 정신의 밑거름이 되어주었다.

마지막 한 가지는 바로 호기심이다. 말재주나 건강한 몸과 마음은 비교적 뛰어난 편이라고 할 수는 있어도 내가 최고라고까지 할 수준은 아니다. 하지만 이 호기심만큼은 내가 생각해도 거의 최고 수준인 것 같다. 호기심에 관한 한 거의 국가대표급이라 할 정도다.

궁금한 게 많으면 먹고 싶은 것도 많다는 진실

나는 어려서부터 궁금한 게 참 많았다. 궁금한 게 있으면 절대 참고 그냥 넘길 수 없는 성격이었다. 그래서 먹고 싶은 것도 하고 싶은 것도 많았다. 세상에는 궁금한 맛도 많고 궁금한 일도 참으로 많기 때문이다.

나는 지금도 매끼 내가 먹고 싶은 음식이 무엇인지 생각하고 정할 수 있다. 그래서 집에서나 밖에서나 메뉴를 정할 때는 항상 나를 먼저 바라보는 사람들이 많다. 그들은 내게 묻는다. 어떻게 그렇게 매일 먹고 싶은 게 생각이 나느냐고.

똑같은 음식이라도 그 맛은 매번 다르다. 누가 만들었는지에 따라 달라질 수도 있고, 내가 누구와 어떤 감정으로 먹었는지에 따라서도 달라질 수 있다. 그래서 나는 오늘은 어떤 맛일지, 저 음식점의 맛은, 저 사람과 함께 먹는 맛은 어떨지에 대한 호기심과 기대를 갖고 메뉴를 정하는 것이다.

'오늘은 뭐 먹지?' 라는 질문에 '아무거나'라는 대답을 하는 사람들에게 오히려 나는 묻는다. 너와 내가 만난 오늘이 얼마나 역사적인 날인데 아무거나 먹어서야 되겠느냐고 말이다.

호기심은 세상을 바꾸는 힘

열네 살 어린 나이에 엘리베이터 안에서 알아들을 수 없는 꼬부랑말로 대화하는 벽안의 외국인에게 '지금 당신이 사용하는 말이 무엇이냐?'는 당돌한 질문을 한 것도 바로 이 궁금증을 참지 못하는 성격 탓이다. 그것도 고작 중학교 2학년 수준의 짧은 영어로 말이다. 그때까지 외국어는 영어밖에 없는 줄 알았는데, 영어보다는 훨씬 아름다운 저 음률이 도대체 무엇인지 궁금한 나머지 도저히 참을 수가 없었다. 참을 수 없는 궁금증은 부끄러움을 무릅쓰고 더듬거리는 영어로나마 입을 열게 했다.

그렇게 시작된 프랑스어와의 인연으로 한국외국어대학교 프랑스어과를 졸업하고 프랑스 유학을 갔을 때, 학업을 따라가느라 너무 무리를 했던지 건강 하나는 자신 있었던 내가 그만 정신을 잃고 쓰러진 적이 있었다. 진급 시험 공부를 하던 중이었다. 결국, 앰뷸런스에 실려 병원으로 이송되어 가는 처지가 되고 말았다. 얼마쯤 시간이 흘렀을까? 눈을 떠보니 나는 이미 병실에 누워 있었다. 그런데 정신을 차린 후 내 입에서 나온 첫 마디 말은 '남자 간호사는 프랑스어로 뭐라고 하느냐?'는 것이었다.

그때만 해도 한국은 남자 간호사가 매우 드물었다. 프랑스에 오기 전까지 남자 간호사를 본 적이 없는 나는 영어와 달리 남성 명사와 여성 명사를 구분하는 프랑스어로는 남자 간호사를 지칭하는 특별한 단어가 있을 것이라는 생각을 한 것이다. 하지만 남자 간호사는 프랑스어로 'infirmier'. 여자 간호사를 뜻하는 'infirmière'에서 e만 빼면 되는 것이었다.

의식이 더욱 또렷해진 나는 내 온몸에 주렁주렁 달린 장치를 하나하나 손으로 가리키며 혈압, 맥박, 심전도는 프랑스어로 뭐라고 하는지, 지금 내가 맞고 있는 주사의 이름은 무엇인지 쉴 새 없이 질문을 해댔다. 더 나아가 내 몸의 증상을 설명하며 이 증상들을 의학용어로는 뭐라고 하는지도 물었다. 아마 그 남자 간호사는 내가 너무 아파서 제정신이 아닌 줄 알았을 것이다.

다행히 과로 이외에는 특별한 이상이 없다는 진단을 받고 사흘

만에 퇴원했지만 그 사흘 동안 나는 주변 사람들을 매우 귀찮게 하는 엉뚱한 환자였다. 몸이 좀 나아지고 나니 물어봐야 할 단어가 더 많아졌기 때문이다. 사흘이나 병원에 입원해 온갖 검사를 다 하느라 공부할 시간이 많이 축났지만, 다행스럽게도 진급 시험에는 합격을 했다. 진급생은 모두 서른 명. 3대 1의 경쟁률을 뚫고 입학한 100명 중에서 70명이 중도 탈락한 것이었다. 그 70명이 아닌 30명 안에 들어가려니 그렇게 힘들게 공부를 할 수밖에 없었던 것이었다. 1년 후 이 30명 중에서 졸업을 한 학생은 겨우 아홉 명이었다.

의학 및 약학 전문 분야 통역을 여러 차례 맡으면서 의약 용어를 훨씬 더 많이 알게 되었다. 하지만 유학 초기 병상에서 배운 용어들이 유독 기억에 오래도록 남아 있다는 것이 참 신기하다. 확실히 호기심은 외국어 실력 향상에도 도움이 되는 것 같다.

나의 타고난 말재주와 더불어 건강한 몸과 마음, 그리고 감히 국가대표급이라 할 수 있는 호기심은 지난 세월 내 삶에서 항상 긍정적인 작용을 해주었다. 그리고 무엇보다 통역사라는 직업을 가지고, 소통이라는 임무를 수행함에 있어서는 정말 큰 힘이 되었다.

말재주나 건강한 몸과 마음이 없었더라면 처음부터 통역사가 되기는 어려웠을 것이다. 이는 통역사의 기본적인 자질이자 역량이기 때문이다. 그리고 호기심은 통역과 소통이라는 임무를 수행하기 쉽도록 도와주는 습관 중 하나였다.

통역사란 다양한 분야에 걸친 폭넓은 이해와 지식이 요구되는 직업이다. 전문 분야와 전문가에 대한 통역을 맡게 될 때마다 해당 분야에 대한 기본적인 이해를 하는 데에도 평소 호기심이 많은 성격의 덕을 톡톡히 봤다. 호기심은 통역사의 역량을 더욱 신장伸張시킨다.

하지만 이 호기심의 습관이 통역사에게만 도움이 되는 것은 아니다.

우스갯소리를 하나 하자면, 역사적으로 살펴보면 멀쩡한 물건에 구멍을 내는 발명 특허로 돈을 번 사람들이 꽤 많았다고 한다. 예를 들어 삼각자 중앙에 구멍을 뚫어 잘 부러지지 않는 삼각자를 만든 사람, 물이 끓을 때 덜컥거리지 않도록 주전자 뚜껑에 작은 공기구멍을 낸 사람, 남성용 속옷에 앞트임 구멍을 내서 세상 모든 남성들에게 놀라운 편의를 제공한 주부 등이 그렇다. 누가 어디에 어떤 구멍을 뚫어 얼마나 많은 돈을 벌었는지를 조사한 신문 기사를 접한 어떤 사람이 자신도 뭐든 구멍을 내서 돈을 한번 벌어보자는 생각을 했더란다. 그래서 이 물건 저 물건을 살펴보고 유용할 만한 구멍을 뚫을 궁리를 해보지만 아이디어가 쉽게 떠오르지 않았던 모양이다.

그 사람은 책상에 앉아 다시 한 번 그 기사를 꼼꼼하게 읽어보았다. 그러고는 남들은 쉽게도 돈을 버는데 자신은 왜 그조차 안 되는가 하는 속상한 마음에 책상 위에 놓여있던 뾰족한 송곳으로 신문지를 콕콕 찔러대기 시작했다. 신문지는 이내 곰보가 되었고, 바로 그 순간 그 사람의 머릿속에서는 반짝하고 불이 들어왔다. 그렇게 탄생한 것이 칼이나 가위를 사용하지 않고도 그냥 죽 잡아 당기면 깔끔하게 뜯어지는 바늘 자국, 즉 절취선이라고 한다.

소가 뒷걸음질하다가 개구리 잡은 격이라고 말할 사람도 있을지 모르지만 나는 절취선의 시작도 바로 호기심이 아니었을까 생각한다.

새로운 물건을 발명하는 것도 아니고 멀쩡히 있는 물건에 구멍을 뚫어 돈을 번 사람들이 있다는 사실에 대한 호기심, 그렇다면 아직도 구멍을 뚫을 물건이 남아있는가 하는 호기심, 그리고 정말 구멍을 뚫으면 어떻게 될 것인가 하는 호기심이 결국 절취선 발명으로 그를 이끈 것이다.

수많은 발명과 발견이 이런 단순한 호기심에서 시작되었다. 사과는 왜 매번 아래로만 떨어지는가 하는 아이작 뉴턴Sir Isaac Newton 호기심이 만유인력의 법칙을 발견했다. 어째서 촛불이 타는 것일까 하는 앙투안 라부아지에Antoine Laurent Lavoisier의 호기심은 모든 생물의 생명 유지에도 영향을 미치는 산소라는 기체를 발견하도록 했다.

이 밖에도 세상을 바꾼 호기심의 사례는 얼마든지 더 있다. 호기심은 분명 세상을 바꾸기에도 충분한 힘이다.

우리 삶의 지평을 넓혀주는 진정한 호기심

호기심이 많은 사람의 공통점은 아마도 독서광이라는 점일 것이다.

아무리 인터넷이 우리의 일상에 밀착되어 있지만, 우리의 다양한 호기심을 채워줄 수 있는 가장 믿을만한 정보의 바다는 책이기 때문이다. 다른 사람들이 인터넷의 바다에서 시간 가는 줄 모르듯 그들은 책의 바다에서 시간 가는 줄을 모른다.

헬기를 타고 이동하는 20분 동안도 손에서 책을 놓지 않는 프랑수아 미테랑 대통령의 독서 습관은 손이 닿는 모든 곳에 책을 놓아두는 것이라고 했다. 언제 어디서나 짬이 나면 책을 읽기 위함이다. 그런 만큼 그는 다양한 책을 동시다발로 읽어내는 남다른 재주를 가지고 있었다.

그런가 하면 책 한 권을 매우 느리게, 하지만 꼼꼼하게 읽는 독서 습관을 가진 사람들도 있다. 이들 중에는 한 권의 책을 읽을 때 그 책에서 참고도서로 거론한 다른 책도 함께 읽어 지식의 깊이를 더하는 사람들도 있다고 한다. 웹사이트의 하이퍼링크 기능을 독서에 접목한 것이다. 하기야 요즘은 전자책을 이용하면 진짜 하이퍼링크 기능을 활용해가며 책을 읽을 수 있는 세상이긴 하다.

아닌 게 아니라 IT 기술은 우리가 호기심을 충족하는 데에도 큰 편의를 제공하게 되었다. 언제 어디서나 궁금한 게 있으면 그 자리에서 스마트폰을 꺼내 인터넷에 연결해 검색할 수 있으니 말이다. 그리고 그 인터넷 세상에는 얼마나 많은 정보들이 넘쳐나는가.

그 정보의 양과 정보 검색의 편의성만 생각한다면 우리의 지적 수준은 과거보다 수천수만 배 이상 높아졌어야 마땅하다. 그런데 과연 그럴까?

이에 대한 의견은 참으로 다양하다. 구글, 즉 인터넷은 우리를 멍청하게 한다는 다소 공격적인 주장으로 인터넷의 폐해를 지적하는 부류가 있는가 하면, 인터넷은 우리로 하여금 무엇을 알고 모르느냐가 중요한 것이 아니라 무엇을 찾을 것인가, 그리고 무엇을 생각할 것이냐의 문제가 더욱 중요하다는 것을 알려줄 것이라는 희망적인 전망을 하는 부류도 있다.

그러나 어느 부류의 주장이 맞는 것이든 변함이 없는 단 하나의 사실은 이제 우리는 인터넷의 기반을 떠나서는 도저히 살아갈 수 없는 상황에 놓여 있다는 것이다.

TV 드라마 한 편을 보면서도 손에서 스마트폰을 놓지 않고 있는 우리는 실시간으로 시청자의 반응을 검색하기도 하고, 눈에 선 등장인물의 성격과 역할을 찾아본다. 호기심이 발동하면 그 역을 맡은 탤런트의 이름은 무엇인지, 그의 최근작은 무엇이었는지도 살펴보게 될 것이다. 그가 지금 걸치고 나온 옷과 장신구의 브랜드는 무엇인지, 그 가격은 얼마나 되는지까지 검색하다 보면 어느새 우리의 시선은 점점 드라마에서 멀어진다.

분명 처음 스마트폰을 들어 검색을 시작했을 때는 드라마를 더 재미있게 보기 위함이었을 것이다. 하지만 잠시 잠깐 사이 우리의 호기심은 그야말로 안드로메다로까지 뻗어 나가 다시 제자리로 돌아오기가 힘들어진다.

사실 나는 그렇게까지 인터넷을, 각종 스마트 기기를 능숙하게 다루는 사람은 아니다. 내게 필요한 몇 가지만큼은 다른 사람의 힘을 빌지 않고 해낼 수 있는 정도다. 하지만 나로서는 딱 만족스러운 수준이다.

이런 내가 마치 IT에 대한 일가견이라도 있는 양 이런 이야기를 꺼낸 이유는 요즘 너무 많은 사람이 인터넷과 스마트 기기로 대표되는 IT 기술에 지나치게 얽매여 있기 때문이다.

구글 등 포털사이트에 검색어 자동 저장 기능을 켜두고 일정 기간 자신이 검색한 단어를 저장해두면 의외로 같은 단어를 반복해서 검색하는 횟수가 잦다는 것을 알게 될 것이다. 이는 정보의 검색이 손쉬워진 만큼 사람들이 웬만한 정보는 흘낏 살펴만 보고 흘려보낸다는 것을 의미한다. 왜냐하면, 다음에 아니 언제든 다시 찾으면 되기 때문이다. 전화번호나 주소는 검색만 할 뿐 따로 메모를 해두거나 외우지는 않는다는 것을 예로 들 수 있겠다.

과거 연필이 발명되어 필기구의 휴대가 쉬워지자 사람들은 정보를 외우려 하지 않았다고 한다. 언제든 메모할 수 있기 때문이다. 그 결과 인류의 기억력이 현저하게 떨어졌다는 주장을 하는 인류학자들도 있다. 그런데 연필의 발명이 인류의 기억력에 미친 영향은 인터넷의 대중화가 미친 영향에 비하면 그야말로 조족지혈鳥足之血 수준이 아닐까.

호기심 중독은 독이 된다

일상생활 중에 불쑥불쑥 떠오르는 온갖 호기심을 실시간으로 해결할 수 있는 요즘, 우리의 호기심은 나날이 표피적인 수준에 머물고 있는 것은 아닌지 한 번쯤 되짚어 볼 필요가 있겠다.

인터넷을 사용하는 데에 있어 우리가 가장 경계해야 할 것은 정보의 부정확성이다. 사실 인터넷에서 얻은 수많은 정보 중에는 그 진위를 확인할 길이 없는 것들도 상당 수 존재한다.

일명 '카더라 통신'으로 통하는 온갖 가십, 지라시 정보에서부터 뉴스, 전문 분야 학술 정보에 이르기까지 사실이 아닌 정보는 두루두루 분포되어 있다. 그리고 이 정보는 보통의 평범한 사람들에서부터 각 전문 분야 종사자 및 학자까지 폭넓게 이용되고 있다. 그 결과 해마다 제출되는 박사 학위 신청 논문 중에는 인터넷에서 얻은 확인되지 않은 정보를 참고한 내용이 포함되는 경우가 왕왕 발생하고 있어 우리나라뿐만 아니라 전 세계 학자들을 긴장시키고 있다.

이런 상황에서 지나친 호기심은 자칫 독이 되기도 한다. 사실이 아닌 정보를 확신함으로써 생기는 갖가지 문제가 우리의 상상을 초월하기 때문이다.

모든 것은 과하면 모자라는 것만 못한 법이다. 호기심도 과하면 부족한 것보다 나을 것이 별로 없어진다.

다른 모든 것이 그러하듯 호기심도 점점 과해지면 중독의 수준까지 이르게 된다. 호기심 중독, 그것은 한시도 스마트 기기를 손에서 놓지 못하는 의외로 많은 사람의 모습에서 보여진다.

맛집으로 소문난 음식점. 연인으로 보이는 두 남녀가 마주 앉아 있다. 주문한 식사가 나올 때까지 각자 자신의 스마트폰을 들여다보던 이들은 음식이 나오자 한 손으로는 스마트폰을 조작하며 다른 한 손으로는 식사를 한다. 눈은 스마트폰에 고정한 채. 이윽고 식사를 마친 남녀는 서로 눈짓으로 신호를 보냈던지 별말 없이 동시에 일어나 식당 문을 나선다. 여전히 스마트폰을 만지작거리며.

요즘 주변에서 심심치 않게 목격되는 풍경일 것이다. 각자 스마트폰만 들여다보며 말 한마디 하지 않고 식사를 할 거였으면 도대체 왜 만났을까? 물론 그 이전에 이들 커플에게 어떤 일이 있었는지-혹시 심하게 다투고 난 직후라 말조차 섞고 싶지 않은 감정 상태였는지 말이다- 그 이후 어떤 소통이 오고 갔는지 나는 알지 못한다. 하지만 적어도 하루에 세 번밖에 안 되는 식사 시간을 그렇게 보내야 할 이유는 도대체 무엇이란 말인가? 그리고 그 모든 것을 감수하면서까지 다급하게 알아야만 했던 스마트폰 속 정보란 대체 무엇이란 말인가?

그들에게는 그들 나름의 사정이 있고, 이유가 있었을지 모른다. 하지만 나는 그들이 적어도 그것에 대해 정보 수용을 위한 일이라는 변명은 하지 않기를 진심으로 바란다. 진정으로 우리의 삶을 변화시킬 호기심이란 그런 것이 절대 아니기 때문이다.

나를 키운 건
진정 팔 할이 호기심이다

호기심의 다른 말은 관심이다. 세상만사에 관심이 많은 사람은 호기심도 많다. 관심이 있기 때문에 알고자 하는 욕구도 생기는 것이다. 그리고 이 호기심과 관심의 출발은 궁금증이다. 이게 과연 무엇인가 하는 궁금증, 저것은 어떤가 하는 궁금증 말이다. 궁금증이 생기면 빨리 그 궁금증을 해소하고 싶은 마음이 생기는 것은 어쩔 수 없는 사람 심리지만 사실 그 궁금증의 시간을 조금만 더 유지하면 우리의 사고는 훨씬 더 확장될 수 있을 것이다. 그러나 성마른 우리는 그런 시간을 용납하지 못하고 재빨리 실시간 검색어의 세계로 빠져든다. 그렇게 보태어진 우리의 지식은 우리 머리에, 그리고 가슴에 오래도록 남지 못하고 순간의 호기심만을 충족하는 정보로써 흘러가고 만다.

호기심은 분명 우리의 지식과 지혜, 나아가 삶 전체의 지평地坪을 넓혀준다. 그러나 과연 넓어진 지평만큼 그 깊이도 깊어지고 있는지는 사실 잘 모르겠다.

정보화 시대에 발맞춰 살아가려면 물론 정보에 대한 호기심도 어느 정도 필요하다. 하지만 정보는 지식이 될 수는 있지만, 그 자체로서 지혜가 될 수는 없다. 지식은 정보를 쌓아놓은 것에 불과하다. 하지만 지혜는 그 지식을 통해 자신의 한계를 깨닫고 인정하는 도덕적 자질이다.

지금 우리에게 정말 필요한 것은 바로 지혜를 만들 수 있는 호기심이다.

요즘은 거의 모든 호기심이 책상 앞에, 그리고 광속으로 연결된 인터넷망 안에 머물러 있는 것 같다. 그래서 호기심에도 어느 정도의 대면이 필요하다는 생각이 든다. 어느 정도는 직접 발로 뛰고 몸으로 부딪혀가며 그 호기심을 채워나가야 한다는 말이다. 그것이 진정 우리의 삶을 성공적으로 디자인하는 습관으로서의 호기심이다.

미당 서정주 시인은 <자화상>이라는 시를 통해 '스물세 해 동안 나를 키운 건 팔 할이 바람이다.'라고 했다. 그의 이 아름다운 시구詩句를 빌려서 말하자면 지난 50여 년 나를 키운 건 팔 할이 호기심이었다. 그리고 그 호기심은 앞으로도 계속 나를 키울 것이다.

Choi's Ritual 09

일상의 소소한 즐거움을 찾는 나만의 시간을 갖는다

매일 매일이 행복하진 않지만, 행복한 일은 매일 일어난다

아무리 바쁘고 피곤해도 하루 세 시간 다양한 뉴스와 정보를 습득하기 위해 할애하는 시간만큼 나를 행복하게 하는 시간은 없다. 그래서 결코 짧지 않은 그 시간이 매번 눈 깜짝할 사이에 흘러가 버린다.

아침잠이 없어 평생을 아침형 인간으로 살았던 나는 지금도 어김없이 새벽 4시 30분에서 5시 사이에는 눈을 뜬다. 그때로부터 남편이 잠에서 깰 때까지 두세 시간. 그 시간은 오로지 나만을 위한 시간이다. 귀찮은 전화가 걸려오지도 않고, 그 이른 시간에는 만나자는 약속도 없다.

번잡한 세상을 자기만의 속도로 여유롭고 행복하게 살아갈 수 있는 유일한 방법은 일상에서 사소한 즐거움을 찾는 것이라고 한다. 상쾌한 아침 공기와 따뜻한 차 한 잔, 그리고 내가 온 우주를 점령한 것 같은 행복한 착각에 빠져드는 이 시간이야말로 내게는 그런 시간이다. 특별히 취미랄 것이 없는 나의 유일한 취미이자 하루를 시작하는 나만의 경건한 리추얼인 것이다.

새로운 뉴스를 접하고, 최근 관심을 두기 시작한 이런저런 것들에 대한 자료를 찾아 읽고, 다소 미심쩍었던 단어의 뜻을 정확히 이해해두기 위해 사전을 뒤적이다가 문득 나는 생각을 한다.

도대체 내 호기심의 끝은 어디일까?

많은 사람이 나에게 하는 질문이기도 하지만 사실 나도 자신에게 궁금한 것이기도 하다. 그리고 이내 생각한다. 아마도 내 호기심은 숨이 붙어 있는 한 계속될 것 같다고 말이다. 아니 어쩌면 사후에도 생전에 내가 접해보지 않은 세상에 대한 호기심을 푸느라 분주할지도 모르겠다. 나는 아마도 염라대왕 앞에서도 질문을 해댈 것이다.

세상 모든 일에 관심을 갖고 호기심을 품고 또 그 호기심을 풀기 위해 이런저런 노력을 하는 것 자체가 나를 행복하게 한다. 사람들은 내가 일 욕심이 많아 일을 자꾸 벌이는 것으로 생각하지만 사실 나는 욕심이 별로 없다. 출세욕도, 명예욕도, 돈에 대한 욕심도 그리 크지 않다.

만약 그런 욕심이 있었다면 나는 아마 일찌감치 내 능력을 동원해 외교나 정치와 관련된 일을 했을 것이다. 물론 외교나 정치를 하는 사람들이 개인의 출세욕이나 명예욕, 혹은 돈에 대한 욕심 때문에 그 일을 한다는 의미는 절대 아니니 오해는 하지 않기를 바란다. 다만 지금보다 훨씬 더 내 영역을 확장하고, 내 지위를 높일 기회가 얼마든 있었다는 차원에서 하는 말이다.

나는 언제나 내가 좋아하고 잘하는 일을 할 수 있다는 것에 만족했다. 게다가 그 일을 통해 사회적으로 인정받고, 사회 발전에 어느 정도나마 기여할 수 있다는 것이 얼마나 행복한지 모른다.

통역사로서 민간 외교의 일익을 담당할 수 있었던 것, 모교에서 수많은 제자를 길러낼 수 있었던 것만으로도 더할 나위 없이 행복하고 만족스러웠다. 그리고 이제 내 인생의 2막을 열 새로운 일, 진짜 민간 외교 사절로서의 역할을 훌륭히 수행할 수 있는 CICI를 설립하고 이만큼 성장시켰으니 나는 정말 행복한 사람이다. 그리고 이 모든 행복한 결과의 시발점에는 항상 크고 작은 호기심이 있었다는 것을 나는 새삼 생각한다.

성격이 운명을 좌우한다는 말이 있다. 하지만 나는 사람이 무엇에 호기심을 갖느냐가 그 사람의 인생과 운명을 좌우한다고 생각한다. 그런데 가만히 생각해보면 호기심 많은 나의 성격이 오늘의 나를 만들었으니 성격이 운명을 좌우한다는 말도 크게 틀린 말은 아닌 것 같다.

> 매일 매일이 행복하진 않아. 하지만 행복한 일은 매일 일어나지.

내가 정말 좋아하는 월트 디즈니의 캐릭터 곰돌이 푸의 명대사다. 매일 아침 나는 이 말을 기억하며 눈을 뜬다. 그러면 항상 기적처럼 행복한 일이 일어나는 하루를 통째로 선물 받게 된다.

헌신

Commitment

삶을 더욱 충만하고
아름답게 만드는 궁극의 습관

내가 가진 것을 열로 나누면
우리가 가진 것이 십 분의 일로 줄어드는 속세의 수학과 달리
가진 것 하나를 열로 나누었기에
그것이 천이나 만으로 부푼다는 하늘나라의 참된 수학.
끊임없는 나눔만이 행복의 원천이 될 수 있다는 행복 정석을
그들과의 만남을 통해서 배우게 된다.

이태석 신부

내가 마지막으로 하고자 하는 이야기는 헌신에 대한 것이다.

헌신의 사전적 의미는 몸과 마음을 다 바쳐 있는 힘을 다한다는 것이다. 그리고 헌신은 내가 이 책의 맨 첫 장에서 말한 집중과는 도저히 뗄 수 없는 관계다. 온 우주가 당신을 도울 수 있을 만큼 무언가를 간절히 원하는 마음과 그 마음을 다하려는 자세가 있을 때 비로소 가능한 것이 헌신이기 때문이다.

그렇다면 헌신과 집중이 뭐가 다르다고 굳이 새로운 장을 할애하면서까지 이야기하려는 것일까?

나는 그 차이를 방향과 시간에서 찾는다.

집중은 그것이 무엇을 향한 것이든 상관없이 그저 온 마음을 다하기만 하면 집중이다. 하지만 헌신은 그렇지 않다. 헌신은 반

드시 자기 자신이 아닌 다른 무엇을 생각하고 위하는 마음이 전제되어야 한다. 어떤 의미에서 5장에서 말한 배려의 습관이 함께할 때 비로소 헌신이라는 말을 할 수 있다.

나 자신이 아닌 타인을 위해 혹은 사회를 위해, 나아가 인류 전체를 위해 봉사하고 기여하는 것. 그것이 바로 헌신이다.

집중은 시간이 정해져 있다. 내가 좋아하는 일을 할 때의 집중, 누군가를 만나 즐겁게 소통할 때의 집중, 함께 어떤 일을 도모할 때의 집중, 새로운 어떤 일에 도전할 때의 집중 등. 하지만 헌신의 시간은 영원永遠이다. 끝이 없다는 말이다.

인류에 대한 봉사와 헌신의 상징 마더 테레사 수녀Mother Teresa of Calcutta.

1910년 오스만제국 위스퀴브Uskub-지금의 마케도니아공화국Republic of Macedonia의 수도다-에서 알바니아계의 독실한 가톨릭 신자 집안에서 태어난 마더 테레사 수녀-잘 알려지지 않은 그녀의 본명은 아녜즈 곤제 보야지우Anjezë Gonxhe Bojaxhiu이다-는 1928년 수녀원에 입소하여 1년만인 1929년 1월 선교를 위해 인도 동부 서西벵골의 주도州都인 캘커타Calcutta-지금은 콜카타Kolkata가 정식 명칭이다-로 떠난다. 이후 테레사 수녀는 빈자貧者의 성녀라 불리며 인도의 가난한 이웃들을 위해 봉사하는 삶을 살았다. 그리고 마침내 1951년 현지인과의 완전한 동화를 위해 귀화를 하고, 1997년 죽음을 맞이할 때까지 그들과 함께했다.

모든 헌신이 테레사 수녀의 그것과 같을 수는 없겠지만 적어도 헌신이라고 한다면 끝까지 한다는 각오로 최소한 그 기간을 미리 정해 두지는 않아야 한다는 것이다.

사랑하는 사람에게 헌신하고자 최고 통치자의 자리까지도 버린다

"지금까지 50년을 쉬지 않고 일 해왔기 때문에 이제 남은 인생은 가족을 위해 보내고 싶습니다."

지금까지의 유럽연합EU 의장 중 가장 카리스마 넘치는 의장으로 평가받는 자크 들로르Jacques Lucien Jean Delors. 프랑스의 경제학자이자 정치인인 그는 여러 은행과 국가 기획처에서 일하다가 정치에 입문, 수년간 프랑수아 미테랑 대통령 정권에서 장관을 지냈다. 1985년 유럽연합 의장이 된 후 여러 가지 중요한 정책을 수립하는 데에 큰 공을 세웠다. 그의 정치적 지지도는 수차례에 걸친 총리 임명설과 대통령 출마설로 이어졌지만 한 번도 실현된 일은 없었다. 특히 1994년 자크 들로르가 속한 정당의 당원들이 그를 대통령 선거에 나서도록 하기 위해 노력했지만, 그는 이 또한 단호하게 거부했다. 바로 그때 그가 남긴 유명한 말이 바로 이 말이었던 것.

50년 이상 프랑스와 유럽을 위해 헌신했던 자크 들로르. 그는 이제 가정으로 돌아가 여생은 가족을 위해 헌신하기로 마음먹었고, 그 마음을 끝까지 지켜나갔다.

지금은 아흔의 나이가 된 자크 들로르이지만 대통령 후보로 추대되었던 1994년, 그는 일흔 살 생일을 앞두고 있었다. 적지 않은 나이였지만 그동안 그가 쌓아온 연륜과 건강 상태를 생각한다면 대통령으로서의 임무 또한 훌륭히 수행해낼 것이 분명한 나이였다. 그런 그가 정계 은퇴를 선언한 것이나 다름이 없었다.

사랑을 위해 권좌를 버린 역사적 인물이 어디 자크 들로르뿐이겠는가. 미국 출신의 유부녀와의 사랑을 이루기 위해 왕위까지 버렸던 영국의 에드워드 8세Edward VIII도 바로 그런 사람 중 한 명이다. 그러나 국왕의 자리를 버리고, 사랑을 선택해 평생 윈저공Duke of Windsor으로 살았던 그의 삶을 우리는 헌신이라 표현하지는 않는다.

그 이유는 자크 들로르가 사랑하는 가족들과의 평범한 여생을 위해 대통령 선거에 출마하지 않겠다는 말과 함께 자신이 대통령 선거에 출마할 수 없는 또 다른 이유 두 가지를 덧붙였기 때문이다.

첫 번째 이유는 그동안 자신이 정치한 목적에 위배된다는 것이었다. 그는 경제학을 공부한 자신이 정치에 입문한 이유는 국가와 사회를 위해, 그리고 정의로운 사회를 구현하기 위해 자유와 평등이라는 이념에 봉사하고자 했을 뿐이라며 자신이 최고의 자리에 오르는 것은 자신의 이념에 위배되는 것이라고 말했다. 과연 자크 들로르다운 생각이었다.

그리고 두 번째 이유로는 유권자들을 기만할 수는 없다는 것이었다. 당시 프랑스 사회는 개혁과 쇄신이 절실했던 상황. 하지만 인기에 힘입어 대통령 선거에서 승리하더라도 의회 내 지지 세력이 없는 자신은 유권자들에게 제시한 공약을 성공적으로 집행할 수 없을 것이 분명하므로 안 된다는 것이었다. 개혁과 쇄신은 대통령 혼자 하는 일이 아니라면서 말이다.

자크 들로르가 대통령 불출마 선언을 한 다음 날, <르몽드>지를 비롯한 프랑스 일간지들은 일제히 '부인이 이겼다!'는 헤드라인의 기사를 실었다.

프랑스 최고의 통치자가 될 기회가 눈앞에 있음에도 불구하고 그동안 자신을 그림자처럼 내조한 아내와 더 많은 시간을 보내며 말년을 충만한 생활로 꾸리고 싶다는 이유로 초연하게, 그리고 단호하게 '노No!'라고 외친 사람, 프랑스뿐 아니라 유럽 전체를 무대 삼아 열정적으로 일하고 헌신하다가 물러나야 할 때가 왔다는 생각이 들었을 때 확실하게 뒤로 한 걸음 물러설 줄 알았던 멋진 사람이 바로 자크 들로르였다. 그에게는 헌신이라는 표현이 참 잘 어울린다.

나는 그를 1986년 한불정상회담에서 만난 적이 있는데, 유럽연합 집행위원회 위원장이라는 높은 직책과 그동안 업무 추진을 위해 보여주었던 위상 높은 카리스마와 달리 한없이 부드럽고 겸손했던 그에게 깊은 감동을 받았다.

그로부터 10년쯤 후 그의 대통령 불출마 선언 소식을 들은 나는 저절로 고개가 끄덕여졌다. 헌신이 항상 그렇게 범세계적이고 범국가적인 일이어야만 할 필요는 없다는 생각과 함께.

누군가를 행복하게 할 때 나는 더 행복해진다는 것의 의미

이미 여러 차례 언급했지만 내 남편 디디에의 헌신도 나는 말하지 않을 수가 없다.

그는 늘 인류와 사회에 기여하는 일을 하고 싶다는 생각을 가지고 살아가던 사람이었다. 그는 타인을 행복하게 해주는 일이 자신을 가장 행복하게 한다고 믿고 있었고, 실제로 그렇게 느꼈다고 한다. 그런 그가 호텔리어가 된 것은 어쩌면 운명인지도 모르겠다. 방문지에서의 따뜻한 환대는 사람을 행복하게 하기에 충분한 것이기 때문이다.

그러면서도 남편 디디에는 한편으로 자신이 세상 모두의 행복에 기여할 수는 없다는 생각을 했던 모양이다. 그리고 마침내 자기 혼자서는 도저히 할 수 없는 일, 모든 사람을 행복하게 하는 일 대신 단 한 사람을 행복하게 하는 일에 평생을 걸겠다는 결심을 했다. 그리고 나와 결혼을 했다.

디디에는 스물한 살에 인터콘티넨탈호텔그룹에 입사해 프랑스를 비롯해 프랑스령 과달루프Guadeloupe 섬, 남태평양에 위치한 바누아트공화국Republic of Vanuatu, 캐나다, 한국, 중국, 인도, 인도네시아, 싱가포르, 필리핀, 대만 등지에서 근무했다. 글로벌 체인을 가진 호텔에 근무하는 호텔리어라는 직업 특성상 세계 각지로 근무지를 옮겨 다니기는 했지만, 그는 지난 2012년 퇴사할 때까지 한 직장에 헌신했던 사람이다. 직장을 옮겨 다니며 몸값을 높이는 게 일반적인 서구인들에게서는 좀처럼 찾아보기 힘든 모습이다.

디디에는 이제 아내인 나한테는 물론 아내의 나라에도 헌신할 것을 다짐하고 있다. 코엑스 인터콘티넨탈 서울과 그랜드 인터콘티넨탈 서울 두 호텔의 총지배인을 겸임했던 2006년 무렵부터 그는 이미 한국에 정착해 살겠다는 의사를 내비쳤다. 그리고 퇴사 후 호텔리어로서의 경험과 노하우를 살려 호스피탈리티hospitality 컨설팅 회사를 설립하여 활동하고 있는 한편, 적지 않은 시간을 CICI 산하 5·4클럽을 나와 함께 이끄는 데 할애하고 있다. 또한, 연간 8천만 명의 방문객을 맞이하는 프랑스 호스

피탈리티 문화의 장점과 우수한 한국 문화예술의 가치를 접목해 한국에서만 느낄 수 있는 특별한 경험과 감동, 그리고 새로운 이야깃거리를 보다 많은 외국인들에게 전달할 수 있도록 하는 데에도 기여하고자 한다.

세상을 긍정적으로 바꾸는 착한 중독

지금까지 이야기해온 인생을 성공으로 이끄는 아홉 가지 습관이 모두 그렇기는 하지만 헌신이야말로 몸에 밴 헌신의 습관만이 더 큰 헌신을 이끌어 낼 수 있다. 헌신의 기쁨을 맛본 사람만이 또 다른 헌신을 할 수 있게 되기 때문이다.

나누고 봉사하는 삶을 일상적으로 실천하는 아름다운 부부, 탤런트 정혜영과 가수 션은 말했다. 봉사도 기부도 습관이고 중독이라고.

세상의 모든 중독은 반드시 폐해를 가져온다. 하지만 이 중독만큼은 중독자가 많으면 많을수록 우리 사회를 더욱 긍정적으로 변화시킬 수 있는 착한 중독이 아닐까.

지금은 절판해 새로 구입하기는 어렵고, 도서관에서 빌려볼 수밖에 없는 책 <엔젤 아우라>. 2007년 국내 한 출판사에서 출간

했던 내 책 제목이다.

나그네의 옷을 벗기는 힘은 매섭고 거센 바람이 아니라 따사로운 햇살이라는 이솝 우화의 교훈에서 착안, 천사 같이 선한 기운과 따뜻한 감동으로 상대의 마음을 움직이는 소통법에 대한 내용을 담은 책이었다. 당시만 해도 내 인생 최고의 화두는 소통에 머물러 있었던 것 같다. 하지만 이제는 소통을 넘어 인생 전체를 아우르는 삶의 태도와 방식에 대해 생각을 하지 않을 수 없다. 내 나이가 그렇고, 그동안 쌓아온 연륜이 이제는 그것을 말해야 할 때라고 재촉하고 있기 때문이다.

<엔젤 아우라>에서 나는 알파벳 C로 시작하는 다섯 개의 키워드 집중, 문화, 소통, 협력, 그리고 창조성[창의력]을 제시했다. 굳이 알파벳 C에 끼워 맞추려고 했던 것은 아니었는데 내 삶을 이끈 선한 기운이 무엇이었는지 생각하다 보니 공교롭게도 그렇게 되었다. 그러고 보니 내 이름의 첫 자도 C고, 내 나라 한국의 프랑스 이름도 C로 시작하며, 내 인생 최고의 화두이자 내 업이었던 커뮤니케이션도 C로 시작한다며 마치 어린아이처럼 들뜬 내 의외의 모습을 본 출판사 사람들이 당황했던 기억이 있다.

그로부터 새로운 몇 년의 세월이 흘러 다섯 개의 C에 새로운 다섯 개의 C가 보태져 모두 열 개의 C가 되었다. 기존의 다섯 개 C는 그 의미가 확장되는 변화도 생겼다.

모두 열 개의 C, 이른바 10C에 대한 나의 생각을 정리하다 보니 각각 독립된 열 개의 C가 모두 유기적으로 연결되어 있다는 사실을 알게 되었다. 어느 것 하나 홀로 우뚝 서서 힘을 발휘할 수 없고, 또 어느 것 하나 없어도 그만인 것은 없었다.

하지만 그중에서도 헌신은 앞서 말한 아홉 개의 C를 의미하는 집중, 문화, 소통하는 즐거움, 협력, 배려, 창조성, 자신감, 도전, 호기심이 모두 습관으로 몸에 배어야만 비로소 나타날 수 있는 결과라는 생각이 든다. 그리고 최고이자 최대의 선한 기운, 즉 엔젤 아우라는 헌신의 습관이 있을 때 저절로 생겨난다는 사실도 알게 되었다.

내가 헌신을 가장 마지막 장에서 이야기하게 된 이유이다.

하지만 사람들은 평범한 삶 속에서 헌신을 실천하기란 쉽지 않다고 생각한다. 그 이유는 헌신하는 삶의 모델로 앞서 예를 든 마더 테레사 수녀와 같이 성인聖人의 반열에 오른 사람들의 삶을 떠올리기 때문이다. 하지만 앞에서도 얘기했듯 헌신은 꼭 그렇게 대단한 것만은 아니다. 자크 들로르 전 유럽연합 의장처럼, 혹은 내 남편 디디에처럼 사랑하는 사람과의 행복한 나날을 위해 헌신하는 것도 위대한 헌신이다.

이 순간, 사랑하는 사람을 위하는 것도 헌신이라면 헌신하지 못할 것도 없겠다는 생각을 하는 사람이 많을 것이다. 그러나 사랑하는 사람을 위해 어떤 일을 한다고 해서 그것이 무조건 헌신일 수는 없다. 예를 들어 사랑하는 사람과의 안락한 노후를 위해 현재를 저당 잡히며 돈을 버는 일에 몰두하는 것. 그것을 두고 헌신이라고 할 수 있을까? 그것이 과연 정말 사랑하는 사람을 위하는 헌신일까? 어쩌면 그것은 돈에 대한, 지극히 개인적인 욕심에 대한 헌신이지 않을까?

아름다운 입술을 가지고 싶다면
친절한 말을 해라
사랑스런 눈을 갖고 싶으면
사람들에게서 좋은 점을 봐라
날씬한 몸매를 갖고 싶으면
네 음식을 배고픈 사람들과 나누어라
아름다운 머리카락을 갖고 싶으면
하루에 한 번 어린이가 손가락으로 네 머리를 쓰다듬게 해라
아름다운 자세를 갖고 싶으면
결코 너 혼자 걷고 있지 않다는 것을 명심해라

사람들은 상처로부터 치유되어야 하며,
낡은 것으로부터 새로워져야 하고,
병으로부터 회복되어야 하고,
무지함으로부터 깨어나야 하며,
고통으로부터 구원받고 또 구원받아야 한다

결코 누구도 버려서는 안 된다

기억해라
만약 누군가 도움의 손을 필요로 한다면
네 팔 끝에 있는 손을 이용하면 된다

네가 더 나이가 들면 손이 두 개라는 걸 발견하게 된다
한 손은 너 자신을 돕는 손이고
다른 한 손은 다른 사람을 돕는 손이다

(하략)

은막을 화려하게 장식한 영화배우로서 빛나는 삶을 살다가 굶주림과 병마 앞에 힘없이 쓰러져가는 아프리카 어린이들을 위해 헌신하는 삶을 살았던 오드리 헵번Audrey Hepburn. 그녀가 하면 곧 유행된다는 최초의 완판 신화를 썼던 그녀는 살아서도 죽어서도 아름다운 배우였다.

갑작스럽게 찾아온 병마와 싸우면서도 헌신을 멈추지 않았던 그녀는 임종이 다가오자 평소 자신이 즐겨 읽었던 시를 아들에게 읽어 주었다. 작자 미상의 이 시는 '오드리 헵번의 시'라는 검색어만으로도 쉽게 찾아낼 수 있다.

그리고 이 시는 인기 절정의 톱스타가 왜 굳이 아프리카 어린이들을 위한 헌신을 인생의 또 다른 목표로 삼게 되었는지 이해할 수 있도록 해준다. 헌신은 결국 내 삶을 더욱 충만하고 아름답게 만들어가기 위한 방법이라는 것을 말이다.

좋아하는 일,
그래서 끝까지 할 수 있는 일에 인생을 걸어라

헌신은 꼭 거창한 일이어야 할 필요는 없지만 끝까지 할 수 있는 일이어야만 한다. 헌신은 끝까지 책임을 놓지 않을 수 있는 일, 인생을 걸 수도 있는 일이어야 한다. 그런 의미에서 <어린 왕자>에 나오는 '길들인다'는 것과도 같은 맥락에 있는 것이라고 할 수 있겠다.

끝까지 책임을 놓지 않고 하려는 그 일은 하는 것이 즐거워야만 할 것이다. 할 때마다 기운이 솟고 기분이 좋아져야 한다. 여우가 어린 왕자에게 말했던 것처럼 당신이 그 일을 오후 4시부터 하기로 했다면 오후 3시부터 행복해질 수 있는 일, 시간이 지날수록 그 행복이 점점 더 커지는 일을 찾아야 한다. 그런 일이 아니라면 헌신은 불가능하다.

나는 그 일을 한국의 문화와 이미지를 통한 소통에서 찾았다.

물론 이 외에도 훌륭한 후배 통역사들을 길러내고, 그들에게 더 좋은 길을 열어주는 것도 나에게는 큰 기쁨을 주는 일이었다. 그래서 아직도 그 일은 나의 가장 중요한 일이다. 머지않아 정년퇴직을 한다면 지금까지 몸담아온 모교를 떠날 수도 있겠지만 그때도 나는 어떤 방식과 형태로든 후배들에게 도움을 주는 선배이자 멘토이며 스승으로 남기 위해 노력할 것이다.

이와는 상관없이 한국의 문화와 이미지를 통한 소통에 기여하는 것은 지금까지 나에게 수많은 기회를 주었던 내 나라 한국과 한국 사회에 공헌하기 위한 또 하나의 헌신이라고 생각하고 시작한 일이다.

그런데 생각해보면 나는 비교적 문화를 즐기는 편에 속하는 사람이었다. 음주를 잘하지는 못 하지만 내가 평소에 가무歌舞를 즐기는 사람이라는 사실을 아는 사람은 다 알 것이다. 못 부르는 노래지만 노래방에 가는 걸 즐겨 친구들과의 모임에서는 항상 노래할 자리를 열도록 주동한다. 그리고 못하는 노래 대신에 그나마 몸치를 겨우 면한 동작으로 춤추는 것을 아주 좋아한다. '프랑스어를 만나는 바람에'라는 멋진 핑곗거리가 생겨서 천만다행이지만 한때는 화가가 되고 싶다고 생각했을 정도로 그림도 좋아했다. 그리고 그 꿈을 아직도 내려놓지 않았다.

이렇게 좋아하는 일을 통해, 좋아하는 데다가 잘하기까지 하는 외국인과의 소통을 도모하는 일을 하자니 신이 나지 않을 수가 없다. 각계각층의 문화예술 인사들을 직접 만나 그들만의 세계를 들여다볼 기회를 갖는 것도 즐겁고, 어설프게나마 그 문화를 누려보는 것도 신이 난다.

일 때문에라도 시간을 쪼개 공연장을 찾고, 전시회장을 찾는 발걸음은 마냥 즐겁다. 클래식 공연뿐만 아니라 한류의 주역이 된 아이돌 그룹의 현란한 무대를 눈앞에서 직접 보는 경험도 때로 황홀하다. 그리고 그들의 독창성 빛나는 창조적 무대에 감탄하고 또 감탄하게 된다. 과연 전 세계에서 통하는 문화 흐름은 어부지리漁父之利로 만들어지는 것이 아니구나 싶다.

이렇게 멋지고 근사한 일, 이토록 좋아하는 일을 통해 헌신하려니 내가 과연 헌신하고 있는 것인지 반대로 다른 무엇인가로부터 헌신의 수혜를 받고 있는 것인지 헷갈릴 때도 있다.

어쨌거나 나의 이 즐겁고 행복한 헌신이 세계 속의 한국 이미지를 한 단계 업그레이드시키고, 세계와 통하는 한국 문화를 만들어가는 데에 일익을 담당한다면 나는 더 즐겁고 더 행복할 것 같다.

헌신이란 결국 내가 좋아하는 일, 그리고 잘할 수 있는 일, 나를 즐겁고 행복하게 하는 일, 가급적 많은 사람에게 기쁨을 줄 수 있는 의미 있는 일 사이에서 교집합을 찾는 것으로부터 시작된다고 할 수 있다. 그 교집합의 크기가 반드시 커야 할 필요는 없다. 아주 작은 딱 한 가지에서만 일치하더라도 그 일은 충분히 의미

있는 헌신이 될 것이다.

그 시작은 공익적인 의미가 있는 일까지는 아니었지만 그 과정에서 공동체의 이익을 대변하는 일로 변화 발전해갈 가능성도 있다. 내 남편 디디에가 세상 모든 사람을 대신해 딱 한 사람으로 지목한 나를 행복하게 하는 일이, 아내가 하는 일을 돕고, 나아가 아내가 헌신하고자 하는 일에 기여하게 되는 것처럼 말이다.

나는 나에 대한, 그리고 한국 문화에 대한 그의 헌신이 이루 말할 수 없이 고맙다. 간혹 프랑스 남자 디디에 벨투아즈는 전생에 나에게 무슨 큰 빚을 졌기에 지금 이렇게 빚을 갚듯 헌신하고 사랑하며 사는가 싶어 가슴이 찡하고 눈물이 날 때도 있다. 그래서 나는 그의 헌신이 빛을 더 발할 수 있도록 내 모든 에너지를 집중해 내가 하고자 하는 일에 헌신한다.

아마도 다음 생에 나는 디디에 벨투아즈를 행복하게 하는 일에 헌신하며 살게 될 것 같다.

Choi's Ritual 10

내가 정말 사랑하는 사람이 진정으로 원하는 것이 무엇인지 생각한다

내 곁에 있는 한 사람을 구하는 것이 우주를 구하는 일이다

봉사와 희생을 실천하며 헌신하는 삶을 살았던 많은 사람이 하는 말 중에 가장 흔한 말은 자신은 그들과 함께 그곳에 있었을 뿐, 아무것도 한 일이 없다는 것이다. 마더 테레사 수녀가 그랬고, 다큐멘터리 영화 <울지마, 톤즈>의 주인공 이태석 신부 또한 살아생전에 그렇게 말했다. 이 밖에도 내가 기억하지 못하고 알지 못하는 무수한 헌신의 아이콘들은 하나같이 이렇게 말했을 것이다.

무슨 이런 어처구니없는 겸손의 말이 다 있을까 싶지만 다들 그렇게 말하는 걸 보니 사실이기는 한 것 같다.

하지만 어떤 사람의 곁에서 그저 묵묵히 함께 있어 주는 것은 오히려 그 사람을 위해 무엇인가 하기보다 훨씬 더 어렵다. 사랑하는 사람이라고 해서 쉬울까? 오히려 사랑하는 만큼 더 힘든 일일 수도 있다.

> 누군가 길들이려면 인내심이 강해야 해. 우선 너와 좀 떨어져서, 그래 그렇게 풀밭에 앉아 있으면 돼. 나는 널 슬쩍 쳐다볼 거야. 넌 아무 말도 하지 마. 말이라는 건 오해의 근원이 되니까. 하루하루가 지나면서 넌 내 곁으로 조금씩 다가올 수 있을 거야……

어린 왕자가 여우에게 어떻게 해야 길들일 수 있는 거냐고 묻자, 여우가 한 말이다.

헌신과 길들이는 것은 많은 부분에서 닮기도 많이 닮았다. 특별한 인내심을 갖지 않으면 그저 묵묵히 그들과 함께할 수는 없다. 헌신하기는 더욱 불가능하다.

예전에 한국 가톨릭교회에서 기도문 중 한 구절인 '내 탓이오!'를 스티커로 제작해 교인들에게 배포한 적이 있었던 모양이다. 스티커를 나누어 받은 교인들은 그것을 하나같이 자동차 뒷 유리에 붙이고 다녔는데, 그 스티커를 붙인 차가 얌체같이 끼어들기를 하면 사람들은 익명의 자동차 운전자가 아닌 한국 가톨릭교회 전체를 비난했다.

내 탓이라면서 끼어들긴! 저러면서 종교가 다 무슨 소용이람!

나 역시 몇 차례 그런 비난을 했던 것 같다. 이 상황을 김수환 추기경이라고 모르셨을 리 없었던지 어느 날 추기경은 신자들에게 이런 말씀을 하셨단다.

'내 탓이오!' 스티커를 떼고 다니시든지, 스티커를 붙였으면 끼어들지를 말든지!

역시 추기경은 신자들의 잘못을 꼬집으실 때도 유머로 우회하는 배려 깊은 분이셨다. 그러나 추기경의 남다른 배려심을 익히 모르는 바 아니니 일단 넘어가기로 하자.

그보다는 '내 탓이오!' 라며 모든 죄와 악의 근원지가 자기 자신임을 인정하는 기도문을 날마다 외우고, 그것도 모자라 스티커로까지 만들어 붙이고 다니면서 남보다 조금 늦게 목적지에 도착하는 것을 참지 못해 끼어들기를 하다니! 종교를 떠나 우리 모두의 편협하고 조급한 마음이다.

헌신이라는 것이 뭐 그리 대단한 일이 아니라는 것을 알게 되었지만 여전히 무엇에 헌신할 것인지를 찾지 못한 사람들이 많은 것이다.

그렇다면 이렇게 해보자.

지금 내 가장 가까운 곳에 누가 있는지 살펴보자. 그들 중에 내가 사랑하는 사람이 있어도 좋고, 없어도 좋다. 지금 내 곁에 있는 그 사람이 지금 무엇을 간절히 원하는지 알아보자. 직접 물어보는 것도 나쁘지는 않겠지만, 체면을 중요시하는 한국 사람들은 자기가 원하는 것을 아무에게나 쉽게 털어놓지 못한다. 그러니 무턱대고 묻기보다는 잠시 그 사람을 바라보는 시간을 갖는 것이 더 좋겠다. 조금 떨어진 곳에서 아무 말 없이 한동안.

그러면 아마도 그 사람이 원하는 것이 무엇인지 알게 되는 순간이 찾아올 것이다. 그가 진심으로 원하는 것이 다른 사람에게 폐해가 돼서는 안 된다는 것은 굳이 말하지 않아도 알 것이다. 하지만 그래도 혹시 모르니 그 사람이 원하는 일이 다른 사람을 불행에 빠뜨리지는 않는지 한 번만 생각해보자. 물론 그 사람 한 명뿐만이 아니라 몇몇 다른 사람들에게도 도움이 되는 일이라면 더욱 좋겠지만 아니어도 상관은 없다.

이제 마지막으로 그 사람이 간절히 원하는 일이 이루어질 수 있도록 하는 데에 내가 할 수 있는 일이 무엇인지 찾아보자. 그리고 그 일을 하면 된다.

간절히 바라던 일이 이루어졌을 때 그 사람이 얼마나 행복해하는지, 그 사람의 웃음소리가 얼마나 커지는지 눈으로 직접 확인하고 나면 우리는 또 그런 일을 찾게 될 것이다. 더 많은 사람을 살펴보고, 더 많은 일을 하게 될 것이다.

헌신의 습관은 이렇게 서서히 몸에 밸 것이다.

기억하라!

내 곁에 있는 한 사람을 구하는 일이 곧 우주 전체를 구하는 일임을!

습관이란 인간으로 하여금
어떤 일이든 하게 만든다.

표도르 도스토옙스키Fyodor Mikhailovich Dostoevskii

내 삶을 디자인하는 습관 10C

초판 인쇄 2015년 1월 13일
초판 발행 2015년 1월 20일

지 은 이 최 정 화
발 행 인 김 인 철
발 행 처 한국외국어대학교 지식출판원
130-791 서울특별시 동대문구 이문로 107
전화 02)2173-2495~7
팩스 02)2173-3363
홈페이지 http://press.hufs.ac.kr
전자우편 press@hufs.ac.kr
출판등록 제6-6호(1969. 4. 30)
디 렉 터 신 선 호
에 디 터 정 연 숙
편집 · 디자인 (주)이환디앤비 02-2254-4301
인쇄 · 제본 현문자현 031-902-1424

ISBN 978-89-7464-953-1 03320 정가 14,000원

*잘못된 책은 교환하여 드립니다.

HU:iNE은 한국외국어대학교 지식출판원의 어학 및 사회과학도서 Sub Brand이다. 한국외대의 영문명인 HUFS, 현명한 국제전문가 양성의 (International+Intelligent)의 의미를 담고 있으며, 휴인(携引)의 뜻인 '이끌다, 끌고 나가다'라는 의미처럼 출판계를 이끄는 리더로서, 혁신의 이미지를 담고 있다.